U0062479

本书由 2017 年度浙江省博物馆科研项目 "浙博馆藏沈曾植手稿及相关文献整理"

（项目编码 320008-2010-0002）资助部分经费

澹宕璨然

海日楼旧藏古籍碑帖撷颖

陆易 陈翌伟 著

序

　　沈曾植（1850—1922），字子培，号乙盦，晚号寐叟，浙江嘉兴人。清光绪六年（1880）进士，供职刑部，先任贵州司主事，后转为江苏司郎中，迁任总理衙门章京，外简江西广信府知府，继调任南昌府知府，后擢为安徽布政使，终学部尚书。他的一生经历了戊戌变法、洋务运动、张勋复辟、辛亥革命、新文化运动等一系列历史事件，见证了中国近现代动荡的大变革。就是这样一位前清遗老，也是一个会写字的学人。他的学思活动庞大精深，且"生平论学，不欲蹈袭前人片辞只字，神理恢张，最多达识，每于蚕丛鸟道中，辟前人屐齿未经之境。及其沟通达道，则又契若肝胆。六十以后，益神乎通明，得乎悬解"（王蘧常语）。他的这种宏通，横跨在史学、地学、律学、佛学、诗学等各领域间，更重要的是有创见地响应着他那个时代。能做到这些，与他一生博览群书、敏学思辨有关。

幸运的是，浙江省博物馆收藏沈曾植旧藏书籍、碑帖甚夥。他的学术心得，以收藏题跋、随笔签识、逐条批注等方式记录在一册一册的书中，作为他阅读、校勘、考订的重要方式。这些或朱或墨的蝇头小字凌乱散漫，看似未成系统，然细细品读，从一开始的晦涩，反复咀嚼，到渐入佳境，常给人豁然开朗的棒喝之感。同时，也映照出我们后学的浅见狭识。沈曾植给了我们读书的门径，也给了我们了解他学术思想的研究钥匙。

我们对沈曾植的旧藏进行了初步分类，此次整理主要集中在他的古籍与碑帖两个方面，尝试探求他的藏书面貌和书学观点。古籍上，首批遴选了沈曾植旧藏书籍中版本较善、批校题跋较多，能反映沈氏研学特色的善本书十种（包括一种元刻本、三种稿本及一种木活字印本等），并撰写了详尽的书志。按照古籍书志的一般要求，分别按标题、册数、尺寸、行格版式、封面、内容、原书序跋、后人批校题跋、钤印、按语、书影等项目进行逐一撰写。目录排列顺序依据该书的版本先后进行。著录之时，版本主要依据原书加以规范，辅以参考沈曾植之子沈颎所编《海日楼藏书目》。该书需要加以阐释考证的地方，则以"按语"述之。

书法上，遴选了他所收藏的十六种《六朝墓志》影印本、十四种《兰亭序》、二种《圣教序》及五种其他刻帖四个大类，并对应校参补充了钱仲联辑《海日楼札丛·海日楼题跋》。除了拓本的基础性介绍之外，重点摘抄出沈曾植的批注，并结合书法史做了一些带有阐释的按语，试图联系沈曾植的个人书法，寻其知践合一的思想源头。

在十种沈曾植旧藏书籍中，除了《平生壮观》及沈曾植本人的两种稿本外，《海日楼藏书目》均见著录。而书中诸多跋文，现行的收录沈曾植题跋的书籍，主要有沈颎校录的《海日楼群书题跋》、钱仲联所辑的《海日楼札丛·海日楼题跋》，许全胜与柳岳梅整理的《海日楼书目题跋五种》，其中《宋元检验三录》和《乐府诗集》三则题跋已见著录，其余均未得见。另一方面，以往之收录，往往只侧重于一人，特别是沈氏之跋文。而从藏书研究本身来看，一

书之中，收藏有源流，题跋有先后，各家之批校题跋，宜视为一个整体来对待研究。故此次整理，以一书为一对象，所有基础信息都尽量著录。如此，相信于辨章学术更有明晰之功效。

沈氏早年精帖学，得笔于包世臣，壮年嗜张裕钊，其后由帖入碑，融南北书派于一炉。其校碑，或补经史缺误，或述风格源流；其鉴帖，不惟看重旧拓，更重精拓。于《六朝墓志》诸跋中论行楷隶篆递变，得出"异体同势""古今杂形""南北会通"等独识；于帖部诸跋，辨别《兰亭》各本以及《阁帖》的源流，亦多创见。这种类似欧阳修《集古录跋尾》的范式，也是后世文人日常书写在晚清的延续。

此次整理时日虽短，择书选帖亦少，但已深感长期坚持整理沈曾植旧藏古籍碑帖之必要性。通过初步整理，我们能够看到其藏书特点是家传有序、学以致用，藏书以博识研究为主，以修身辅政为目的，非特为善本而置架。所以沈曾植藏书中批校题跋甚多，他于版本、音韵、训诂无所不通，以之为辅，学力精微之处，更是深达边疆舆地、佛学道理。从其藏书，便可见沈曾植一生为政、学习用力之勤。沈曾植对书法风格在传承过程中的损失、变异则很有自觉意识，擅长帖与帖之间的优劣比较和相互联系，并对流派的划分与溯源有自己的见解。我们更可从其书学旁支中窥得其晚年书体变法之奥秘，从而在清季碑学运动中占据了一席之地。沈曾植虽著作刊行不多，但其一生之学术思想依然如雪泥鸿爪，有迹可循，纷繁精妙，不仅是一代儒宗，更称得上大学人、大哲人。

目　次

兰亭序

3

沈曾植旧藏古籍善本书志十种

樂府詩集卷第一

太原　郭茂倩　編次

郊廟歌辭一

樂記曰王者功成作樂治定制禮是以五
帝殊時不相沿樂三王異世不相襲禮千
帝有損益也然自黃帝以來至於三代知者
其有成命歌也我將之樂歌也後世
有餘年而其禮樂之備可以考天地之樂
有周具天廟之樂籍田社稷之後世

元至正元年集庆路儒学刻明递修本
《乐府诗集》

  《乐府诗集》一百卷目录二卷（卷四十七至五十六、卷六十八至八十为抄配），宋郭茂倩编次，元至正元年（1341）集庆路儒学刻明递修本。此书刻工为施惠、张振、王林、舒关里、吴丑（五）等。根据《中国古籍版刻辞典》，这些刻工均参刻过元至正年间的《乐府诗集》。重修版片版心镌"嘉靖二十年补刊""嘉靖三十年补刊"，故据《中国古籍善本书目》集一六九五一著录。

  此书为沈曾植旧藏，有跋。《海日楼藏书目》"第三十号书箱"著录为"尚书公跋，元刊黑口版，每半页十一行，行二十一字"（实际为行二十字）。经沈曾植考证，此书为《南雍志》梅鷟检点版片后最初印本，在此书宋本残缺稀见的情况下，此元版相对完整，亦可宝贵。此书古籍定级为一级乙等，已入国家珍贵古籍名录。

【册数】二十四册。

【尺寸】版框 22.6 厘米 × 15.8 厘米，装帧 27.3 厘米 × 18.2 厘米。

【行格版式】半叶十一行，行二十字，上下黑口，左右双边，三黑鱼尾，版心有字数。

【作者】郭茂倩（1041—1099），字德粲，郓州须城（今山东东平）人。生平事迹不详，宋神宗元丰七年（1084）时为河南府法曹参军。通音律、擅隶书，尤精古乐府，编有《乐府诗集》百卷传世，并有《乐府诗集解题》，征引浩博，援据精审，宋以来考乐府者，无能出其范围。

【内容】《乐府诗集》汇集了上古时期至唐、五代的乐章和歌谣，全书一百卷，以辑录汉魏至唐的乐府诗为主。根据音乐性质的不同，所集作品分为郊庙歌辞、燕射歌辞、鼓吹曲辞、横吹曲辞、相和歌辞、清商曲辞、舞曲歌辞、琴曲歌辞、杂曲歌辞、近代曲辞、杂歌谣辞、新乐府辞等十二大类。既有宫廷祭祀、宴享朝会时所用的乐章，属于贵族文学的范畴，又有相和歌辞、杂曲歌辞、清商曲辞、杂歌谣辞等民歌，原汁原味，尤为珍贵。全书每一类有总序，每一曲有题解，对乐曲的起源、性质、演唱配器等均有详尽说明。《乐府诗集》是成书较早、收集历代各种乐府诗最为完备的一部重要总集，其中保存了不少已失传著作的内容，对文学史和音乐史的研究均有重要参考价值。

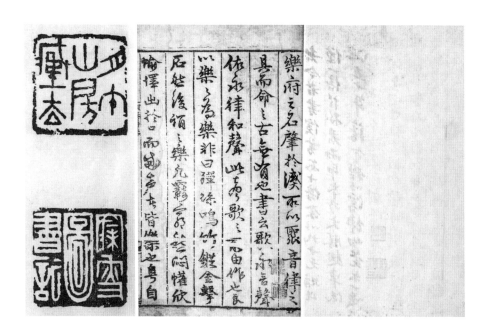

【刊刻者】〔集庆路儒学〕元代设于集庆路的儒学。"集庆"是南京的古名之一，因元代建置"集庆路"得名。以"路"作为全国行政区划始于宋代，南宋后期，南京为建康府，隶属于江东路。元代改立行省制，降"路"为第二等地方行政区划。至元十二年（1275）元兵占领建康，改建康府为建康路。天历二年（1329）改为集庆路。据《金陵新志》，集庆路儒学曾刻过"十七史"、《朱子读书法》《救荒活民书》《玉篇》《乐府诗集》等书。明太祖定都金陵后，在元集庆路儒学的基础上设立国子学，次年改名"国子监"。南监继承了元集庆路儒学版片多达二十余种。

【原书序跋】［序·周慧孙］［乐府诗集序·李孝光］

【后人批校题跋】［跋·沈曾植］《乐府诗集》宋刻本，独见于毛子晋所藏元本校语中，谓以宋校元，促付手民者也。其本今在常熟瞿氏。而宋本诸家著录不复见，虽残本亦无所闻。意宋世虽有刻本，当时固不盛行，故流传鲜少耶？而元刻初印，亦自难得。明自嘉、隆七子以后，此书盛行，补板重迭，旧板断脱，南雍后印者，几不可复读。观爱日精庐所录周慧孙序，阙字至二十余，汲古阁并无此序，知所据亦非完本矣。此本周序、爱日阙字均存，补板无多，而旧本字画犹清朗，书习赵体，笔意宛存。检《南雍志》，《乐府诗集》板脱者二十四面，存者一千三百一十六面。今除抄配廿二卷外，余七十八卷，嘉靖三十年补刊，仅十七页，则此为梅鹭检点后最初印本矣。

宣统戊午，余年六十有九，内子李夫人年七十，儿子辈欲于二月廿九日余生辰称觞为庆，苦禁不可，适书估董以此书来，乃笑曰："曷以此寿乃翁？百卷之书，百龄兆也。"内子及儿女辈欢喜应之。忆光绪戊寅、己卯间，在厂肆见孙铨伯为某尚书购此书，价四十金，即前所谓阙脱者。今者书价昔数十倍，余以九十元购此，仅一倍于孙君，而印本乃大胜。曲车流涎五十年，藉介雅以濡馋吻，莞尔一笑。（已收入《海日楼群书题跋》）

【钤印】内封钤印四枚：白方"寐叟／图／书记"、朱方"月午／山房／藏弄"、朱方"霞秀／景飞／之室"、白文"巽斋记"。沈曾植跋钤印两枚：白方"海日／楼"、朱文"寐翁"。周慧孙序卷端钤印两枚：白方"无念／氏"、朱方"郑印／之谟"，末页钤印一枚：白方"林印／景和"。李孝光《乐府诗集序》卷端钤印两枚：白方"林印／景和"、朱方"坦照／斋"，末页钤印一枚：白方"林景／龢印"。《乐府诗集目录》卷端钤印三枚：白方"林印／景和""海日／楼"、朱文"清境"，末页钤印两枚：白方"承熙／父"、朱方"东吴林／氏珍藏"。正文卷首卷端钤印三枚：白方"林印／景和"、白方"无念／氏"、朱方"郑印／之谟"。此外全书各卷端卷末均反复钤印：白方"林印／景和"、白方"承熙／父"、朱方"东吴林／氏珍藏"。

【递藏源流】"无念氏"为郑之谟用印，东吴林景和无考。

【按语】今存最早著录《乐府诗集》的书目是晁公武的《郡斋读书志》，可见该书至迟在南宋绍兴年间已刊刻流传。而今存《乐府诗集》之宋刻本，比较完整的仅国家图书馆所藏傅增湘藏本（宋刊存者七十九卷）。另外，上海图书馆、南京图书馆皆有宋残本，然因残缺甚多，其刊刻年代已泯然无考。可见，《乐府诗集》宋元刻本今已是凤毛麟角，弥足珍贵。此外，陆贻典校宋本跋语中说："毛本依绛云楼宋本重雕，又借郡中钦远游宋本比较，远胜元本。"（《四部丛刊书录》）他认为后来的毛氏汲古阁重刊本反而远胜元本。但是，就算是元刻本，也有众多印本，陆贻典见到的元本，有可能是后印本。

元刻《乐府诗集》，版片一直流传到明代，递有修补，到明嘉靖年间还在补版刷印。正如沈曾植跋文所称，《乐府诗集》前面本来有周慧孙和李孝光的序，后印本或阙如，或漫灭缺字。明末毛氏汲古阁翻刻本无周序，李序也有缺字。时当明末，毛氏又多藏书，竟未能觅得完本。今日所见各本大多缺序、缺叶、缺字，不一而足，未见完整的初印本。清末陆心源称其藏本为元刊元印，然而《皕宋楼藏书志》所录李孝光序言缺字累累。可见，流传至今的《乐府诗集》元刻本业已无几，而初期印本更是寥若晨星。而此元版《乐府诗集》存周慧孙序，缺版少，除抄配外明代补版仅十七叶，符合《南雍志》记录的版片初印本特征，故此本《乐府诗集》，沈曾植给予了极高的评价，是值得比较和研究的本子。

《乐府诗集》序

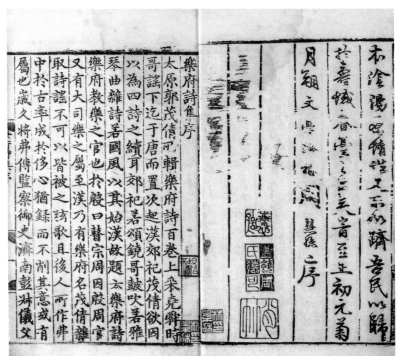

《乐府诗集》目录

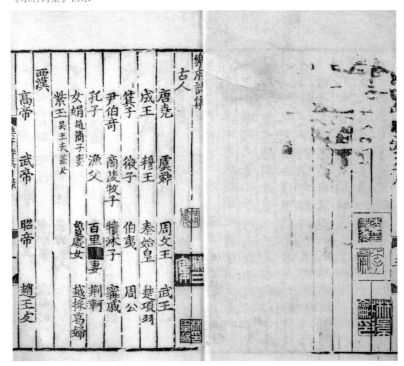

《乐府诗集》卷一

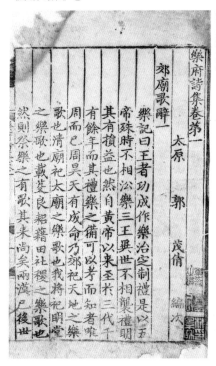

《乐府诗集》明嘉靖补刊页（左）与原版（右）

《乐府诗集》明嘉靖补刊页

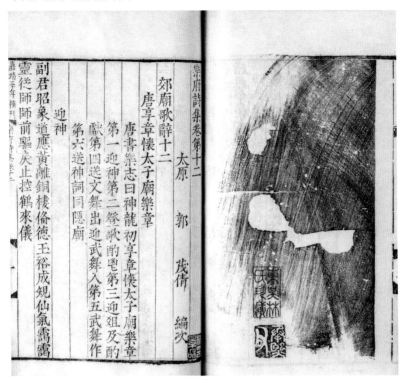

《乐府诗集》明嘉靖补刊页（左）与原版（右）

《乐府诗集》补抄页

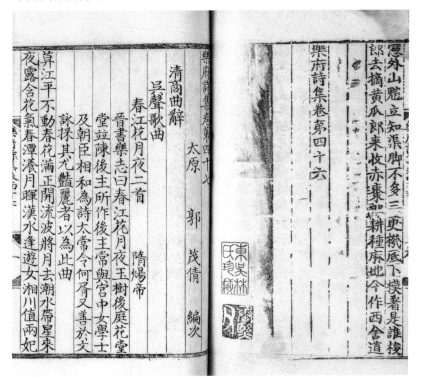

《乐府诗集》卷一百末页

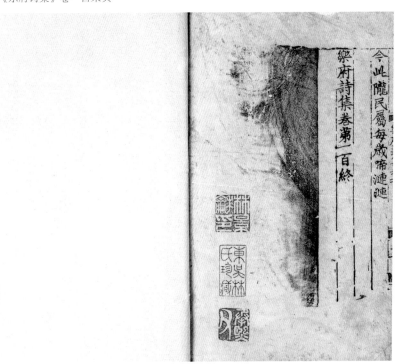

四書題申賜會場

四十三年十二月戊辰

官有試諸碟泰墨
搜奇儷其兩家老
纯雅合武不得襍
宣申饒分房稿取
四年九月乙卯

看詳如有仍隆奠
卷解鈔礼部逐二
事諸司學畫錄
乞今天下備載
逐名試官
條奏上其其議

四書疑倣唐人之
書義猶令人之列五
則劉賁之對止於
多書寫之速而取其

必爾雅純粹字必通
達一合先氏曲型者
收耶否列雉才情
艷者不諫修倫者

二十三篇如樂
道士何柳崇祖七

寶錄言共

清康熙三十四年潘耒遂初堂刻本
《日知录》

　　《日知录》三十二卷目录一卷附录一卷，清顾炎武撰，清康熙三十四年（1695）潘耒遂初堂刻本。《日知录》为顾炎武多年读书笔记的汇录，以"明道""救世"为成书宗旨，包括了重要的历史考据成果，不少论述切中时弊，提倡"书足以匡时，言足以救世"的"实学"。《日知录》是作者一生的学术观点和政治主张的融合，其中表现出的实证精神，不仅具有方法论上的意义，更有"经世致用"的目的。

　　此书为沈曾植家旧藏，《海日楼藏书目》"第竹字号书箱"著录"先司空公手度何义门批本"，有沈曾植祖父沈维𫐐批、校、跋。

【册数】二十册。

【尺寸】版框 19.9 厘米×15.1 厘米，装帧 25.6 厘米×18.1 厘米，全镶玉装。

【行格版式】半叶十一行，行二十二字，双行小字二十二字，白口，左右双边，单黑鱼尾。

【封面】封内题"顾宁人先生著／日知录／遂初堂藏版"。

【作者】顾炎武（1613—1682），字宁人，号亭林，江苏昆山人，明清之际思想家、学者，参加过抗清斗争。后游历北方，誓不与清廷合作，致力于著述。与黄宗羲、王夫之并称明末清初"三大家"。《日知录》是顾炎武"稽古有得，随时札记，久而类次成书"的著作。顾氏对此书的价值很是自信，说："弟三十年来，并无一字流传坊间。比乃刻《日知录》二本，虽未敢必其垂后，而近代二百年来未有此书，则确乎可信也。"（《亭林佚文辑补·与人札》）

【内容】书分三十二卷，附目录、附录。原书中不分门目，而编次先后则略以类从。潘耒把《日知录》的内容大体划为八类，即经义、史学、官方、吏治、财赋、典礼、舆地、艺文。《四库全书总目提要·卷一百十九·子部二十九·杂家类三》将全书分作十五类，谓："大抵前七卷皆论经义，八卷至十二卷皆论政事，十三卷论世风，十四卷、十五卷论礼制，十六卷、十七卷皆论科举，十八卷至二十一卷皆论艺文，二十二卷至二十四卷杂论名义，二十五卷论古事真妄，二十六卷论史法，二十七卷论注书，二十八卷论杂事，二十九卷论兵及外国事，三十卷论天象、术数，三十一卷论地理，三十二卷为杂考证。"

【刊刻者】［潘耒遂初堂］潘耒（1646—1708），字次耕，又字稼堂、南村，晚号止止居士，吴江（今属江苏苏州）人。幼从兄长潘柽章学，后兄嫂因湖州庄氏"明史案"罹难，潘耒始从戴笠游，继而师事徐枋、顾炎武，博通经史、历算、音学。清康熙十八年（1679），举博学鸿词，授翰林院检讨，充日讲起居注官，参与纂修《明史》，主纂《食货志》。后因故降职，以母丧离职归里后，坚辞不复官。潘耒提倡匡时救弊之实学，尤重数学。其文颇多论学之作，亦能诗。其藏书室名遂初堂，所著有《类音》《遂初堂诗集》《遂初堂文集》《遂初堂别集》《溯字学源流辩》等。

【原书序跋】［日知录序·潘耒］

【后人批校题跋】全书正文有朱墨两色句读、圈点、批注等校读标记。天头墨笔批校，批校上再加以朱笔句读、圈点。读跋文可知，此为沈维锎参照何焯批本写入，再加以校阅。批注有红圈者即为何批。

［跋·沈维锎］

1.甲午在皖城，王亮生兄以陆方山手度何义门批本见赠，爰照样写入此本。老懒作较阅，今十年尚未卒业，可叹也。甲辰立秋前一日，维锎识。

2.道光乙巳九月校毕，每条首有红圈者何批也。又依黄氏集释刊误勘改误字一过。

【钤印】全书卷尾钤印一枚：白方"沈维／锛印"。

【递藏源流】沈维锛（1778—1849），字子彝，一字鼎甫，浙江嘉兴人。据《清史稿》，维锛为嘉庆七年（1802）进士，选庶吉士，授编修，历司业洗马。与修《全唐文》《西巡盛典》《一统志》，入直懋勤殿，参与纂辑《秘殿珠林》《石渠宝笈》。二十一年督湖北学政，累迁侍读学士。道光二年（1822），典福建乡试，留学政。四年迁大理寺少卿。八年督顺天学政，转太仆寺卿。任满，迁宗人府丞，署副都御史，寻实授。十二年督安徽学政。维锛居官廉，所至弊绝风清，振拔多知名士。后擢工部侍郎。十七年请回籍营葬，事竣回京。十八年，以疾许免职。二十九年卒于家，祀乡贤祠。

沈维锛学以宋儒为归，谓典章制度、声音训诂当宗汉人，而道理则备于程、朱，务为身心有用之学，校刊宋儒诸书以教士，时人称其醇谨。提倡为学先正志，不挟利心以读书。著有《补读书斋遗稿》等。

【按语】沈维𫩏为沈曾植祖父。张舜徽《清人文集别录》称维𫩏研精义理，喜读宋五子书。于清初张履祥、陆陇其之学，亦沉潜玩索。于世俗貌袭理学，沉溺考据，或竞逐浮华者，并力斥之。沈维𫩏亦曾于鸳湖书院就学于段玉裁，得其经学、小学之传，生平究心文字、音韵，功力亦深。此书即为沈维𫩏批校著作之一。

沈维𫩏跋文"王亮生兄以陆方山手度何义门批本见赠"中提到三人。何义门即何焯（1661—1722），字屺瞻，号义门，晚号茶仙，清江苏长洲（今江苏苏州）人，学者称义门先生。以拔贡生入直南书房，赐举人，康熙四十二年（1703）复赐进士。其学长于考订，所居曰赍砚斋，多蓄宋元旧椠，参稽互证，丹黄稠迭，评校之书，名重一时，有《义门读书记》。其所批校之书，向为学界所重。王亮生名鎏（1786—1843），初名仲鎏，字子兼，又字亮生，号荷盘山人。清江苏吴县人。鎏性好学，未尝一日释卷。嗜考订，通小学，兼好儒家言，志在经世。陆方山名嵩（1791–1860），原名介眉，字希孙，号方山，清江苏苏州人。道光八年（1828）以贡生赴顺天乡试，不中，游浙、皖幕府作客。道光十九年（1839）官镇江府学训导。陆方山关心现实，诗风忧世悯民、针砭时弊。

从跋文可知，道光十四年（1834），沈维𫩏从王亮生处得到何焯批校之本，过录批文以备校阅。其跋"甲午在皖城"，参照《清史稿》，沈维𫩏十二年（1832）起督安徽学政，正合。第一次题跋为道光二十四年（1844），距离过录之时刚好过去了十年，所以跋文称"今十年尚未卒业"。沈维𫩏自道光十八年（1838）以疾许免职归乡，按此推理，则当时携此书而归，方得闲暇校阅。第二次跋中称至道光二十五年（1845）九月方校毕，又依照黄汝成的《日知录集释·刊误》改误字。则从道光十四年得书，起校阅之心，至二十五年才校阅完毕，其间经过了十一年之久。

【书影】

《日知录》序

工刻之以行世嗚呼先生非一
世之人以書非一世之書也魏
司馬朗復井田之議至易代而
後行元虞集京東水利之策至
異世而見用立言不爲一時錄
中國已言之矣異日有整頓民
物之責者讀是書而惕然覺悟
採用其說見諸施行於世道人
心實非小補如第以考據之精
詳文辭之博辨歎服而稱述焉
則非先生所以著此書之意也
康熙乙亥仲秋門人潘耒拜述

《日知录》目录

日知錄

愨自少讀書有所得輒記之其有不合時復改定或古
人先我而有者則遂削之積三十餘年乃成一編取子
夏之言名曰日知錄以正後之君子東吳顧炎武

卷之一

三易　　　　　　重卦不始文王
朱子周易本義
卦變　　　　　　卦爻外無別象
六爻言位
互體
九二君德
既雨既處　　　　師出以律
白邑告命　　　　武人爲于大君

《日知录》卷一

《日知录》卷一

日知錄卷之一

三易

夫子言包羲氏始畫八卦不言作易而曰易之興也其於
中古乎文王與紂之事邪是故其辭危而周官之盛德邪當文
王與紂之事邪是故其辭危而周官大卜
掌三易之法一曰連山二曰歸藏三曰周易連山歸藏
非易也而後之三易之名以名之也猶之墨子書
言周之春秋燕之春秋宋之春秋齊之春秋
左傳僖十五年戰於韓獲其雄狐成十六年戰於鄢陵公筮之
乘三夫三夫之餘獲其雄狐成十六年戰於鄢陵公筮之

《日知录》沈维𫓧批校

而以程之次序為朱之次序

本乃朝廷所頒不敢輒改遂卽監版傳義之本刊去程傳

借乎朱子定之之書竟不得見於世豈非此經之不幸也夫

大亂於王氏此據孔氏正義曰夫子所作象辭元在六爻

朱子記嵩山晁氏卦爻象彖說謂古經始變於費氏而卒

卦爻外無別象
之與文教者

聖人設卦觀象而繫之辭若文王周公是已夫子作傳傳
中更無別象其所言卦之木象若天地雷風水火山澤之
外惟頤中有物木之卦名有飛鳥之象木之卦餙而夫子
未嘗增設一象也苟非虞翻之徒穿鑿附會象外生象以
同聲相應爲震巽同氣相求爲艮兌水流濕火就燥爲坎
離雲從龍風從虎則曰乾爲馬十翼之中無
語之不求其說而易之大指荒矣知聖人立象取象固與
後之文人同其體倁何嘗府屑於象哉王輔之注雖涉於

秦之焚書而五經亡本朝以取士而五經亡今之爲科舉
之學者大率皆帖括爛熟之言不能通知大義者也而易
二必臣五必君陰卦必云小人陽卦必云君子於是此一
經者每拈瀋之書而易亡矣取胡氏傳爲經傳主於是而
以經事之相類者合以爲題於此一經者有以彼爲主射
此經之書有用彼經而隱此經之書簡略有用彼經合爲
復之書矣

爲祖云兄弟
親黨荅服世
不在九族之孫
長姪原本倒

之言族者自九而止也杜氏於襄十二年傳注曰同族
明又孔氏正義謂高祖以下則前證而非待辯而
其又與玄孫之兄弟固可以相及如後魏國子博士李
之所謂壽有長世不有延世可以不得而齊同子博士李洪
容齋隨筆言同宗王士献在隆興爲從叔祖在紹熙爲
琰之叔祖在慶元爲高叔祖而宋從孫元孫之孫七世
曾叔祖在慶元爲高叔祖玄孫之族無一二人在者乎疑其不相
五百四十八年其於本宗九世泰至元十七世孫亦何必
及而以外戚言之始也帝堯之世四嶽岳爲其亦昧於齊家治國之理矣
路史曰觀觀治之始也亦昧於齊家治國之理矣是謂九族者也大人生
帝堯之世視視上殺下殺旁殺而親畢矣

左傳六典而言
乃周宗九族也以
證九族也未
并此同宗乎
確非九族之
族蓋同族之
世不謂此與獨
者外祖諸

外祖父外祖母從母妻父妻母姑之子姊妹之子女
子之子非己之同族皆有服而異族者六氏桓公六年經注皆然
則史官之稱堯與九族之中有明證矣堯典無乃顛倒之甚乎且
九族之爲同姓之疏堯典爲春秋魯成公十五年
宋共公卒傳曰二華戴族也司城莊族也六卿皆桓族
也共公距戴公九世北十三公內同世者四公
皇九族之屬籍以別昭穆之序紀號疏疏而別九族之子孫
其族五十有九光皇帝一太宗之族其
三高族四容宗之族二十有一太宗之族六
宗之高族五十在玄宗之時已有七族
世之歷世滋多則有不止於九者而五世說其

晉時縣名多沿漢舊按史記作⋯

鄒平矣解系傳言修封梁鄒侯劉頌傳遷封梁鄒等八

有梁鄒矣朱書言漢大康六年三月戊辰樂安梁鄒平斯司馬順

縣隋書傷桑麥亥帝紀元嘉二十八年五月乙酉斯司馬順

馬順則自號齊主振梁鄒城八月癸亥梁鄒平斯國下單

則是未有梁鄒矣又不知何故晉書地理志於樂安國下單

書⋯鄒字晉此必之鬪亥而齊乘乃分書樂鄒矣入鄒縣夫

晉以前此地本無鄒縣而何從人之⋯

春秋定公十年夏公會齊侯于夾谷傳曰公會齊侯于祝⋯

夾谷

墟志杜佑通典因之遂謂夾谷山在今韻榆縣劉

按嶺榆在春秋為莒地與齊魯之都相去各五六百里何

苟志杜佑通典及服虔誅史記皆云在東海視其縣劉

必若此之遠當府說公二親不過目邀游而韵放於萊郊

石巳未聞戌邱園人之⋯

銅亦可獨牝牡抱朴子灌銅當以在火中向赤時有凸起

者牝牛銅門閶者牝銅楚也名牝牡左傳牝牡之牡昳晃也

菁牝銅門隔者牝銅楚也名牝牡左傳牝牡之牡昳晃也

頭傳昦易雕摹經歷今士此昔五行亦可稱牝牡左傳牝牡之牡昳晃也

月從一辰雄左行亦而牐經籀志行孝莓雕雌圖

⋯谷五代史四夾附彔高麗王建進孝經雌圖一卷戴月

⋯孔起不經之寬則近於誕矣後周有典驊牝上其名官

卷末閶納女主女
豪俸驄⋯不許折
崇師三條目隶右

元遺山詩集

種元山房

歸安鈕士衣憲儀其父遲舟緼帽仁辰束先忘搞脩官知府早卒君妻子仍繼平家復燬

於火無所歸偶鄭氏京師數十年見童手抱其孫寫余與君教相見並不忍閱平之家

妻猶誦其詩知其嘗書一女為巳君卒於鄭氏故年後業閒屋得其花為驚嘆謂

學春氣將刊之以告余余愀然曰此威德事也故上家於生庶其不官於犯乎如

農詩中梅三友謂張澗甫吳西存及余也而豈知劉君詩若為告余不一識之間

臣也就士忘忘不旬叙異有岳乎不知巳也柏伯言刊敘生詩存序

清乾隆四十三年南昌万廷兰刻本
《元遗山诗集》

  《元遗山诗集》八卷，金元好问撰，清万廷兰校订，清乾隆四十三年（1778）南昌万廷兰刻本。

  根据卷前《金史·文艺传》末万廷兰题识，乾隆四十三年，万廷兰以元好问诗久无专刻为憾，于全集中录出其诗，校订付梓，成此八卷本的万氏刊本。这是继毛晋汲古阁后，再次专刻遗山诗。万本在清代流传较广。翁方纲有《送同年万梅皋归南昌二首》，提到万氏刻《遗山集》事。来青阁主人称他集诗所用《遗山集》二册为万廷兰所赠，又云此本为梁同书侍讲校正、朱彝尊辨证之善本。清人沈钦韩曾校汪万本遗山诗五十七首，指出它与毛晋汲古阁本的不同，校注本现藏国家图书馆。张穆、何绍基亦将此本与毛晋汲古阁本相校，补出缺诗，共校注遗山诗七十八首，批注本现藏中国科学院图书馆。

  此书曾经孙秋士收藏，有"秋士审定""宪仪藏请行箧""种纸山房"等印。后由沈曾植收藏，扉页有沈曾植、沈颎跋文，首卷卷端下墨笔题"初白庵评校"。《海日楼藏书目》"第二十二号书箱"著录"初白庵评校本，归安孙宪仪秋士劫木庵种纸山房旧藏，尚书公手录梅伯言、孙秋士诗存，旧刊本"。

【册数】二册。

【尺寸】版框 19.9 厘米×13.5 厘米，装帧 27.5 厘米×16.2 厘米。

【行格版式】半叶十二行，行二十三字，白口，四周单边，单黑鱼尾。

【封面】封面朱笔题"遗山诗集"，封内题"元遗山诗集"。

【作者】元好问（1190—1257），字裕之，号遗山，太原秀容（今属山西忻州）人，鲜卑族，金文学家、史学家、诗人。曾任内乡令、南阳令、尚书省掾、左司都事、行尚书省左司员外郎等职，金亡不仕，以著述为事。在诗、词、文、曲、小说和文学批评方面均有造诣，编有金诗总集《中州集》十卷。

【内容】书分八卷。卷一收五言古诗一百二十九首，卷二收七言古诗七十八首，卷三杂言三十六首、乐府四十八首，卷四收五言律诗八十三首、七言律诗九十九首，卷五收七言律诗一百九十四首，卷六收五言绝句二十五首、六言五首、七言绝句一百九十七首，卷七收七言绝句二百一十首，卷八收七言绝句一百七十六首。万氏刊本虽然将全集本中十六卷合为八卷，只收诗不收文，为遗山诗集，但未收曹益甫辑诗。从系统上讲，万本不同于此前曹益甫、李瀚、毛晋所刻诗集本，仍属于全集系统。

【刊刻者】万廷兰（1719—1807），字芝堂，号梅皋，江西南昌人。乾隆十七年（1752）进士，官至通州知府。后因事株连，免职归里，潜心经籍，曾修纂《新昌县志》《南昌府志》等。编成《纪年草》，有《计树园诗存》传世。万廷兰喜刻书，曾重刻宋人乐史的《太平寰宇记》，又刻有《计树园十一经读本》，万氏还选辑并刊刻苏轼诗，成《苏诗选》二卷。

【原书序跋】前附《元遗山先生年谱》及《金史·文艺传》本传。

【后人批校题跋】内封抄录序文一篇，粘贴题记一则，正文墨笔校读，天头有朱墨两色批校。

　　［录梅伯言《孙秋士诗存序》·沈曾植］归安孙秋士，名宪仪。其父迟舟，编修，名辰东。兄亦编修，官知府，早卒。君妻子亦继卒，家复毁于火，无所归，馆郑氏，京师数十年，见童子抱其孙焉。余与君数相见，然不忍问其家事。独诵其诗，知其尝有一女而已。君卒于郑氏数年后，叶润臣得其诗，惊叹，谓：无世俗气！将刊之，以告余，余慨然曰："此盛德事也。秋士穷于生，庶其不穷于死乎？"然君诗中称三友，谓张渊甫、吴西谷及余也。而岂知刻君诗者，为生平不一识之润臣也哉？士亦患不自表异耳，无患乎不知己也。梅伯言《孙秋士诗存序》。

　　［题记·沈颎］此书末页"秋士审定"一印，故先文诚公手录梅伯言《孙秋士诗存序》一篇于卷首并眉批。甲申十月大雪，慈护颎记于澹庐。

【钤印】内封题名页右下角钤印四枚：朱方"秋士／审定""劫木／庵"、朱文"种纸山房"、朱文椭圆"孙季子"。左下角钤印一枚：朱文"种纸山房"。沈曾植录梅伯言《孙秋士诗存序》卷端钤印两枚：朱方"秀州／沈氏""子培／父"。沈颎题记钤印一枚：朱文"静俭斋"。内封钤印一枚：白方"古秀州姚家／埭延恩堂沈／氏仲子曾植／字持卿叔子／曾桐字柏宧／金石图籍印"。《元遗山年谱》卷端钤印四枚：朱方"劫木／庵""宪仪／藏请／行箧""劫木

庵／道士际／衍”、朱文椭圆“孙季子”。《金史·文艺传》卷端钤印三枚：朱方“宪仪／藏请／行箧”“秋士／审定”、朱文“种纸山房”。《元遗山诗集目录》卷端钤印两枚：朱圆“太初／诗孙”、朱方“劫木／苔草”。正文卷首卷端钤印三枚：朱方“宪仪／藏请／行箧”、朱文“种纸山房”、朱文椭圆“孙季子”。卷二卷端钤印一枚：朱方“宪仪／藏请／行箧”。卷三末页钤印一枚：朱方“宪仪／藏请／行箧”。卷八末页钤印六枚：朱方“春明故／书承／平旧物”“宪仪／藏请／行箧”“秋士／审定”、朱文椭圆“孙季子”、朱文“种纸山房”、朱方“劫木庵／道士际／衍”。重复钤印繁多。

【递藏源流】孙宪仪，字品孺，号秋士，浙江归安（今浙江湖州）人。附贡生。其学诗凡三变：早岁近袁随园、赵瓯北，既而致力于高青丘、朱竹垞，晚年又好黄山谷、陈后山。皆实有所得，非仅为随声附和。同治《湖州府志》卷七十六本传有载，著《劫木庵集》《辛辛草》，皆手自整理，殁后多为人劫去。《贩书偶记续编》著录其底稿本所成《孙季子诗集》，湘中叶沄（润臣）辑其少量未定诗稿为《秋士诗存》，梅曾亮（伯言）为之序。

【书影】

《元遗山先生年谱》

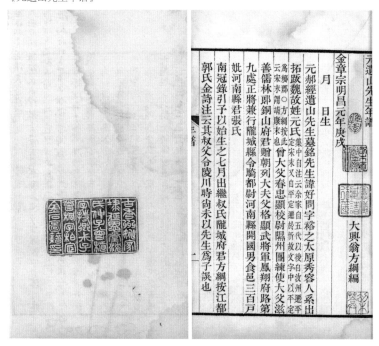

《元遗山先生年谱》沈曾植批校

《金史·文艺传》

金史文藝傳

元德明系出拓拔魏太原秀容人自幼嗜書仕不言世路
鄙事樂易無畦畛布衣蔬食處之自若家人不敢以生理累
之累舉不第放浪山水間飲酒賦詩以自適年四十八卒有
東巖集三卷子好問最知名好問字裕之七歲能詩年十有
四從陵川郝晉卿學不事舉業淹貫經傳百家六年而業成
下太行渡大河爲箕山琴臺等詩禮部趙秉文見之以爲近
代無此作也宗是名震京師中興定五年第歷内鄉令正大
中爲南陽令天興初擢尚書省掾之除左都事轉行尚
書省員外郎金亡不仕爲文有繩尺備衆體其詩奇崛
而絶雕劌巧縟而謝綺麗五言高古沈鬱七言樂府不用古
題特出新意歌謡慷慨挾幽幷之氣其長短句揄揚新聲以

《元遗山诗集》目录

寫恩怨者又數百篇兵後故老皆盡好問蔚爲一代宗工四
方碑板銘志盡趙其門其所著文章詩若干卷杜詩學一卷
東坡詩雅三卷錦機一卷詩文自警十卷聊樂年尤以著作自
任時金源氏有天下典章法度幾及漢唐國亡史作已所當
爲樂夔所沮而止好問曰不可令一代之跡泯而不傳乃搆
亭於家著述其上因名曰野史張萬戶家乃往往來藏
所聞有所得輒以寸紙細字爲記錄至百餘萬言今所傳者
有中州集及壬辰雜編若干卷年六十八卒纂修金史多本
其所著云

按遺山詩久無專刻茲於全集中錄出校訂而付之梓

元遺山詩集目錄

《元遗山诗集》卷一

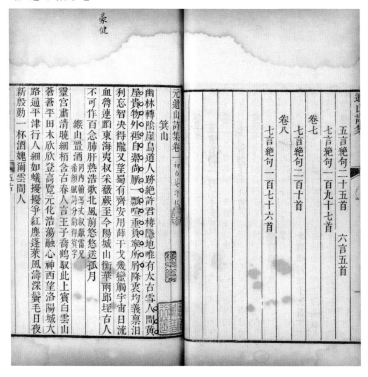

《元遗山诗集》卷二

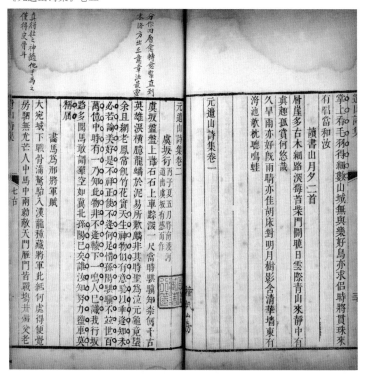

元遺山詩集卷八

邯鄲枕上人

饞盡貂裘白髮新京華旅食記前身僊翁

京畿金石考上

隋體書○正書

張公禮撰○正書

郎頴碑

唐大理卿郎餘令撰朱才書貞觀五年十月

李伯藥撰集古錄目

寶刻類編引集古錄目

京畿金石考一卷下

清乾隆间孙星衍问字堂木活字印本
《京畿金石考》

  《京畿金石考》二卷，清孙星衍撰，清乾隆间孙星衍问字堂木活字印本。是书系孙星衍金石学著作，考证宋人金石诸书及家藏直隶石刻，分附于郡县之下，厘为二卷，未见之碑及传闻之误则记其所出。故此书为京畿直隶地区各地金石名目汇录，对于考证京畿地区金石留存情况有参考价值。

  此书印痕累累，且遍布沈曾植亲笔校读标记。《海日楼藏书目》"第匏字号书箱"著录"尚书公手批本，问字堂刊本"，对照其他馆藏及古籍目录，有明确刻书年份的问字堂木活字印本《京畿金石考》为乾隆五十七年（1792）刊，可资参考。此书已入国家珍贵古籍名录。

【册数】二册。

【尺寸】版框 16.8 厘米 ×11.5 厘米，装帧 23.3 厘米 ×14.5 厘米。

【行格版式】半叶十行，行二十四字，白口，左右双边，单黑鱼尾。

【封面】封面题签"京畿金石考"。封内题"京畿金 / 石考"，下有双行小字"问字 / 堂刊"。

【作者】孙星衍（1753—1818），字渊如，号伯渊，阳湖（今江苏武进）人。清代著名考据家、目录学家、藏书家。一生治学较广，于经史、文字、音韵训诂、诸子百家、金石碑版，皆通其义，且通书法，精诗文。乾隆五十二年（1787）榜眼，授翰林院编修，又历刑部主事，山东按察使、布政使。以学术渊博著称，阮元曾聘他为诂经精舍教习并主讲钟山书院，又校书于藏书丰富的毕沅官署，遍读其藏书，精研目录、版本、校勘之学。一生搜讨典籍，读书不辍，藏书处有孙氏祠堂、平津馆、廉石居等多处，编撰书目《孙氏祠堂书目》《平津馆鉴藏书籍记》《廉石居藏书记》。著述宏富，有《问字堂集》《尚书今古文注疏》《考注春秋别典》《京畿金石考》《寰宇访碑录》《平津馆金石萃编》等，刻有《黛南阁丛书》《平津馆丛书》。

【内容】书分二卷，著录京畿地区金石。仿陈思《宝刻丛编》、于奕正《天下金石志》体例，取宋人诸金石书以及家藏直隶诸府州县所出吉金、贞石之文，分别著录，每一条目下记该件时间、书体、书者、出土地点、现存地点等，不作考释，不录释文。

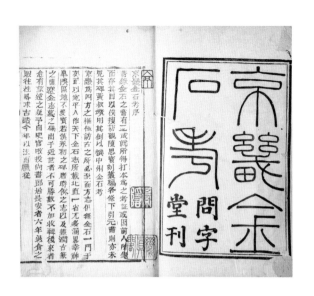

【刊刻者】［孙氏问字堂］问字堂，孙星衍室名。清王鸣盛《问字堂集序》云："阳湖孙君渊如，寄所刻集，署曰'问字堂'，'问字'之名，虽未详所谓，要孙君之意，则主于识字而已……夫学必以通经为要，通经必以识字为基。"问字有考察、探讨之义。《周易·乾卦》："君子学以聚之，问以辩之。"孙星衍深究经史文字音训之学，故以"问字堂"名其室。另有一说曰：当时高丽使臣在京城书摊看到孙星衍校的书，十分喜爱，特书写"问字"二字赠给他，孙星衍即用此二字，名其居室为"问字堂"。孙星衍一生为学甚广，研学勤力，编著甚多，故问字堂自乾隆至嘉庆，均有刻书刊行之实举。

【原书序跋】［京畿金石考序·孙星衍］

【后人批校题跋】全书天头及行间有沈曾植批注，主要内容为补充当地石碑及造像条目。比如在"隋白马寺经幢"与"唐淤泥禅寺心经"之间增入一行"唐九歌欧阳询正书向在丰润后归叶冬卿"；在"唐云麾将军李秀残碑"条目之下增入"又摹本翁覃溪阁学摹杨介坪旧拓本勒石凡四段又篆额三字在悯忠寺"等。

【钤印】孙星衍《京畿金石考序》卷端钤印三枚：朱文"鸾真阁"、白文"綦隐"、朱文"亭"。正文卷首卷端钤印三枚：朱圆"孽宧"、白方"来／章楼"、朱文"一盦手校"。卷下卷端钤印一枚：朱文"一盦手校"。全书卷尾钤印三枚：朱方"意农"、白文"陈留""梧榭"。

《京畿金石考》卷上

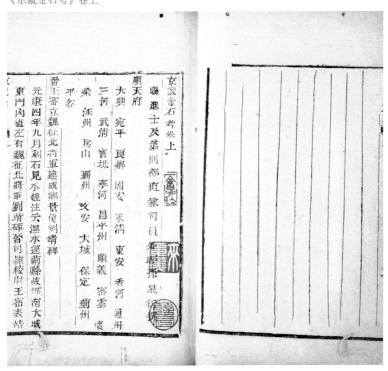

《京畿金石考》沈曾植批注

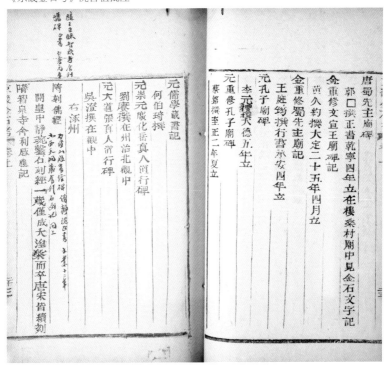

唐靈源山碑

見寰宇記云郡志云易州義石柱北齊神武起兵掃除凶
醜拾遺骸對藥于此立石柱以誌之方志云神武時義士王
海立在縣西北三十里

沽酒劫刻石

見方志云碑云燕昭王沽酒飲樂毅處字刻飯在縣西
右定興縣

元紫泉龍祠記

蘇天爵撰在縣西南三十里
右新城縣

上元二年刻見天下金石志在縣東北十五里壽聖寺

金冀國公主元日留題蕎山溪詞

明昌中刻石龕於寺壁

柏嚴寺詩刻

右唐縣

榮程民塋碑

右博野縣

宋五嶽廟碑

京畿金石考卷下

賜進士及第刑部直隸司員外郎孫星衍撰

正定府

正定　獲鹿　井陘　阜平　欒城　行唐　靈壽　平山
元氏　贊皇　晉州　無極　藁城　新樂

隋龍藏寺碑并陰

張公禮撰開皇六年十二月立

唐大理卿郎穎碑

李伯藥撰宋才普貞觀五年十月立在府北郎氏墓林中見

順天府　　固安

大興　宛平　良鄉　固安　昌平州

　　武清　寶坻　寧河　　大城　保定

三河　　　　文安

　　涿州　房山

平谷

柔

晉王審立魏征北將軍建成鄉景侯劉靖碑

元康四年九月刻石見水經注云濕水逕薊縣故城南大城

東門閃道左有魏征北將軍劉靖碑晉司隸校尉王密表脩

光和三年十月立見隸刻叢編

禪基局欵識

見方志云舊府城興隆寺佛殿西極下有魏公邾基局猶文

帝時故歇

隋令利石函益記

在府城隆興寺

唐善達法師碑

郭庭誨撰佚遺雜正書開元七年五月立見寶刻叢編引復

薛碑錄云在元城

唐魏州刺史狄仁傑生祠碑

本邑懷書張庭珪分書開元十年十一月立

尊勝陀羅尼經幢

盧重元分書開元中立見寶刻叢編引訪碑錄云在州城開

中議大夫日講起居注官總纂　國史教習庶吉士翰林院侍講學士加二級臣○○○

一　檢覆總說　　出洗冤錄　冤錄○

凡檢驗承牒之後不可接見在近官員秀才術

人僧道以防姦欺及招詞訴訟隨即定立時刻

速詣停屍處稱說相離里路檢驗日時庶免

稽遲約束行吏等不得輒離

凡檢驗官遇夜宿處須問其家是與不是覓身

血屬親戚方可安歇以別嫌疑

清嘉庆十七年金陵刘文奎家刻本
《宋元检验三录》

　　《宋元检验三录》八卷，清吴鼐辑，清嘉庆十七年（1812）金陵刘文奎家刻本。"三录"所指为：《宋提刑洗冤集录》五卷，宋宋慈撰；《平冤录》一卷，作者本已无考，据沈曾植考证系赵逸斋所订；《无冤录》二卷，元王与撰。《洗冤录》为宋淳祐七年（1247）宋慈荟萃前代《正背人检验格目》《内恕录》等书而成。后来又有《平冤录》《无冤录》追随其后。《洗冤录》流传广泛，研究者也很多，成为决狱圭臬。而《平冤录》《无冤录》传本比较稀少。后来顾广圻为孙星衍摹刻元代《洗冤集录》，又得到《平冤录》《无冤录》这两书的旧钞本，告知了吴鼐，吴鼐就将它们合为一编刊行。据孙祖基《宋元检验三录跋》，此刻《平冤录》《无冤录》顾藏旧钞当亦出自明本。

　　此书为沈曾植旧藏，《海日楼藏书目》"第匏字号书箱"著录"尚书公长跋，嘉庆十七年全椒吴氏刊巾箱本"。沈曾植于此书研核极深，亲笔校阅，留有大量批校题跋。

【册数】四册。

【尺寸】版框 12.9 厘米×9.9 厘米，装帧 18.5 厘米×12.4 厘米。

【行格版式】半叶九行，行十八字，双行小字十八字，上下黑口，左右双边，线鱼尾。

【封面】封面题签"宋元检验三录"，下有双行小字"第〇册"，又分别题"洗冤录""平冤录""无冤录"。封内题"宋元检／验三录"，又题"嘉庆十七年刊"。内封牌记"全椒吴／氏藏版"，刊记"金陵刘文奎家镌"。

【作者】

　　1. 宋慈（1186—1249），字惠父，号自牧，建宁府建阳（今福建建阳）人，南宋法医学家。师事朱熹弟子吴雄及真德秀。嘉定十年（1217）进士，补赣州信丰主簿，辟江西制司准备差遣，知长汀，通判邵武军，知赣州、常州，提点广东、江西、湖南刑狱。淳祐八年（1248）进直焕章阁，知广州、广东经略安抚使。在任清廉，关心民命，深悉民情，受民爱戴。他办案重视实地检验，总结前人法医知识及自己心得，于淳祐七年著成《洗冤集录》五卷。书成，奉旨颁行，成为当时刑狱官吏必备之书。

2. 据沈曾植跋文，日本所藏抄本《新注无冤录》卷前有作者王与的自序，称《平冤录》系赵逸斋所订，其余详情，今已无考。

3. 王与（1260 或 1261—1346），字与之，浙江永嘉人。早年被荐为温州郡功曹，先后在丽水、开化等地为官，升行中书省理问、提控案牍。晚年授湖州录事，未上，以乐清县尹致仕。在任期间，善谳疑狱，多所平反，精于狱讼，见称于时。著述有《无冤录》《钦恤集》《礼防书》《刑名通义》等。

【内容】《洗冤集录》是历史上第一部完整的法医学专著。内容大致分三方面：检验官员应有的态度和原则；各种尸伤的检验和区分方法；保辜和各种救急处理。

《平冤录》在《洗冤录》之后问世，是以《洗冤录》为蓝本编辑所成，少数内容有所不同。再后来王与的《无冤录》，同样引用了《洗冤录》《平冤录》的大部分内容。《平冤录》主要内容来自《洗冤录》，后来又被收入《无冤录》内，使得《平冤录》存在的必要性降低，这被认为是《平冤录》失传的原因。现在的《平冤录》内容，基本是从《无冤录》中辑出的。因为在流传过程中，重出的内容经常被删减，而且《无冤录》经常与《平冤录》相混，造成了"三录"版本不同、内容复杂的情况。

【刊刻者】

1. 吴鼐（1756—1821），字及之，一字山尊，号抑庵，安徽全椒人。乾隆四十二年（1777）拔贡，五十一年副贡，五十七年举人，嘉庆四年（1799）进士，由翰林院编修仕至侍读学士。著有《吴学士诗文集》《百萼红词》等。

2. 刘文奎，清乾隆间金陵著名刻工。刘文奎及其兄弟刘文楷、刘文模皆为清嘉道年间南京著名刻工，顾千里"思适斋"、孙星衍"平津馆"、毕沅"经训堂"、卢文弨"抱经堂"等刻书多出其兄弟之手。参加过《封氏闻见录》《吕氏春秋》《拜经堂丛书》《平津馆丛书》《宋提刑洗冤录》《文选注》等书的刻书工作。"刘文奎家"，即此南京刻工世家对外的招幌之一。

【原书序跋】［刻宋元检验三录序·吴鼐］［重刻宋元检验三录后序·顾广圻］［洗冤集录序·宋慈］［无冤录序·临川羊角山叟］

【后人批校题跋】全书有校读句读、重点句、朱墨笔圈读等标记。天头有墨笔过录校批，校批上再加以朱笔圈点句读。大部分为沈曾植笔迹。书中另夹

有信封一枚，题"宋元检验三录跋"，内有沈曾植跋文三页。

　　[无冤录跋·沈曾植]光绪庚子六月，广陵嘉兴会馆南轩雨中，以纯常所得东瀛覆刻朝鲜本校一过。此刻本即徐午生所收钞本之祖，行款同，讹字亦同，而钞本多一誊迻，舛失滋甚。如前序刻本是柳义孙，钞本讹义赞，其一端也。曾植记。（已收入《海日楼群书题跋》）

　　[宋元检验三录跋·沈曾植]东瀛钞《新注无冤录》二卷，前有至大改元长至日东瓯王与自叙，次临川羊角山叟序，次正统三年十一月朝鲜中训大夫集贤殿直提举知制教经筵侍读官柳义赞奉教叙；后有庚申春通政大夫江原道观察黜陟使兼兵马节度使兼监仓安集转输劝农管学事提调刑狱公事知招讨崔万理跋。盖朝鲜庄献王祹得中朝元代刻本，命其臣吏曹参议崔致云、判承文院李世衡、艺文馆直提学卞孝文、承文院校理金滉等为之音注，而刻于江原道者。义赞序作注之事，万理序刻书事也。《无冤录》旧刻于胡文焕《格致丛书》中，其本世不多见。嘉庆以来，孙渊如、顾千里始为表章，于是吴山尊刻之《检验三录》中，韩氏刻诸《玉雨堂丛书》中。两本所出不同，而皆未得见王氏自

叙，故《平冤录》为赵逸斋所订，明见于王氏序中，而自来著录家皆不知也。新注意存通俗，无大发明。其叙目先后，则与吴、韩两本迥异，其上卷为吴本《无冤录》之下卷，而吴本上卷"古今验法不同"以下十三则，列于卷首，不入目次之中；其下卷即吴刻之《平冤录》。诸吴本条下注出《洗冤录》者，或注"出《洗冤录》"，或注"《平冤》《洗冤录》同"。诸条下无注者，皆注"出《平冤录》"。据《平冤录》多引据《结案式》，而《无冤录》首条王氏自言"今检验多取《洗冤》《平冤》二录，不参考《结案式》，此《无冤录》之所由作"。然则《平冤录》旧本必无有《结案式》错出其中。元代上司所降，赵氏宋人，无由见之，及王氏乃考详加入。今《平冤》乃王氏增损之本，非赵氏原本，显然矣。王氏本以此为《无冤录》之下卷，不知何时乃复析为二书，于王书为不完，于赵书已非旧，殆明世建阳书肆率尔改题。如《平冤录》"自缢"条"自缢有活套"，注"《平冤录》作绦字"，今本"平"改"洗"；又"单系十字"注《平冤录》作十字挂"，今本亦改"平"为"洗"。检《洗冤》，初无作"绦"、作"十字挂"者，皆点窜有迹可见者。又"刃伤死"条"肉痕齐截之说，与今之考试相违，前论已及之"，前论者，即《无冤录》首《古今检验不同论》也。若赵氏书，岂得王氏论哉。（已收入《海日楼群书题跋》，文字略有差异）

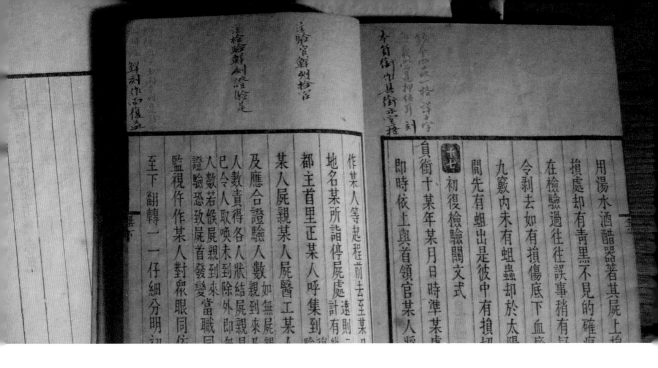

[洗冤录跋·冒广生]

1. 乙丑四月假馆吴门,老友顾涧𬒳以全椒吴山尊学士所刻袖珍本见赠,覆校旧钞本,微有不同,遂标出逐条之下,恐吴本据别本有改动也。木居士识。

2. 沈乙盦丈以朝鲜本校《平冤》《无冤》二录,自为之跋,甚精采,其举《平冤录》为赵逸斋氏所订,尤为自来著录家所未发明。独《洗冤》未有校正。顷从借观,为取瞿木夫氏《洗冤录辨正》所校吴本三条标注于眉,并录木夫跋语于后。水绘盦广生。

【铃印】内封铃印一枚:朱方"霜松雪/柏之轩/藏书印"。《刻宋元检验三录序》卷端铃印两枚:阴阳方印"苻/娄庭"、朱方"广道意/斋收藏/书籍印"。总目卷端铃印一枚:白文"癯禅"。《宋提刑洗冤集录》正文卷首卷端铃印一枚:朱文"一盦手校"。卷四卷端铃印两枚:朱文"一盦手校"、朱方"广道意/斋收藏/书籍印"。冒广生跋文末尾铃印一枚:白文"鸥隐"。《平冤录》目录卷端铃印一枚:朱方"广道意/斋收藏/书籍印"。正文卷首卷端铃印一枚:朱文"一盦手校"。《无冤录序》卷端铃印一枚:朱方"广道意/斋收藏/书籍印"。沈曾植《无冤录跋》末尾铃印两枚:朱方"夕/揽室"、白文"乙厂"。第四册封底铃印一枚:朱文"恩廉"。书中夹签沈曾植《宋元检验三录跋》末尾铃印两枚:朱文"乙盦""植"。

【按语】清季沈家本枕碧楼丛书本《无冤录》，据日本东京上野图书馆所载朝鲜钞本复刻，书内有王与自序，与此本《无冤录》不同，也即沈曾植在跋中所详述之本。另，沈家本《历代刑法考·无冤录序》云："顾《洗冤录》，官司奉为鸿宝，而《平冤》《无冤》二录传本独稀者，盖二录多采宋录之说，世人视为重台而忽略之。讵知二录递相祖述，后之所说，多可以补正前人之说，相辅而行，不可废也。"故《洗冤》《平冤》《无冤》三录的内容存在递进发展关系，并行流传很有必要，不可因为《平冤》《无冤》采录了《洗冤》的内容而有所省略。如此看来，《宋元检验三录》的完整刊行，实为进步之举。

驗屍總說

■ 一

國史教習庶吉士翰林院侍講學士加二級紀昀校纂

出洗冤錄

凡檢覆承牒之後不可接見在近官員秀才術

人勿通以防姦欺及招詞訴隨即定立時刻

進之後不可接見在近官員秀才術

人勿通以防姦欺及招詞訴隨即定立時刻

宋元檢驗三錄之一

【书影】

《洗冤录》卷一

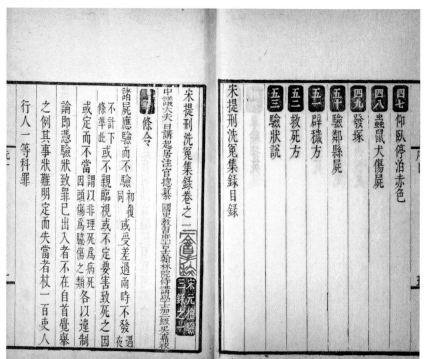

《平冤录》

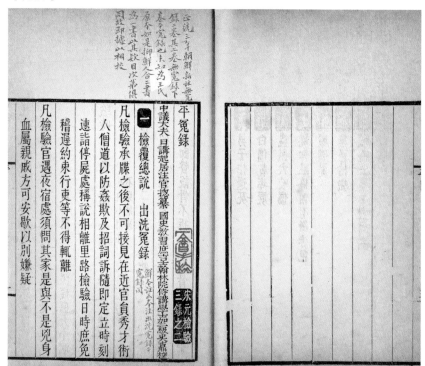

《平冤录》沈曾植批校

凡檢驗到地頭雖有血屬照條陳乞免檢亦須
察其有無屍在元地所方可領狀昔有甲
乙互爭甲死於山頭甲之家屬自來護屍用
薦蓆之類遮覆甲發覺後於夜自驀地將屍
歸殯殮却將一死犬
行見人供吐大略一件繳申憑此詳覆勘
合歛供或見聞參差則令各供一歟或併責
其鄰證內或與見身是親及暗受買囑符合
不可不察
行見人虛實未定者不得已就令書押於彼執人項下書
填其虛實未定者不得已就令書押於行見人字下
憑十二八口說便以為信及備三兩紙供狀
謂可塞責況其中不識字者多出吏人取責
私意須是多方體訪務令參會歸一即不可

凡體問必須先嗅集鄰證反覆審問如歸一則
或小有差互則有重責若憑吏卒開口即是

二 驗法

凡檢屍受牒日空鑿時辰如到驗所未得先自

《无冤录》沈曾植批校、题跋

類見在者即去比對傷處定驗有無相同間
說名件量得大小長短丈尺分寸辨得係是
應禁軍器或餘刃及他物之類若人行使可
以害人性命封記發去
一檢驗訖屍脫下衣物已責付里正主首收管
聽候復檢復驗云檢驗屍畔有已脫下衣物
責付里正主首合干人等收管聽候本縣明
有照用衣物幾件如有血汙或刺扎破者即云
降

扎破處長濶分寸係某物所破開名件無照
用衣物依上開
無冤錄下

曾植記

洗冤錄載一云云而訂其其於王氏本中所自釋者釐
知也新註玄存通俗無大發明撫其敍故目先後頤有吳韓兩本
迴異其上卷為吳本無冤錄之下卷而吳本上卷古令驗法不同以下
十三則列於卷首次入一目次之中其下卷即吳刻之平冤錄及吳本
係下注出洗冤錄者皆注出洗冤錄式注平冤銳冤錄同諸儁
下無注者皆平冤錄據平冤錄多引據結案式而無冤錄之所由
係王氏自言令檢驗并多取洗冤平冤二錄狀結案式此無冤錄之所由
作然則平冤錄舊鈔並無有結案式錯出其中元代上司所降趙氏宗
作然則平冤錄舊鈔並無有結案式錯出其中元代上司所降趙氏宗

人無由見之及王氏乃發詳增入此王氏增損之本非趙氏原寓宣武門外下斜
本題乃吳王氏本以此為無冤錄之下卷不知何時乃復折為二書於王書為
街長椿寺對過
不究於趙書已非舊貌明世書肆幸不改題如目繼有涵套係注平冤錄作編
字令本平改洗又單繫十四字注平洗作十四字挂令本乃改平冤為洗撿洗冤初
無作編作十字挂某又洗冤撿屍條山冊癖截言洗與令之攷試損前論已及之前
諭南即平冤錄首之本檢驗不同迥之某趙氏書出洗別王氏論乩

宋元檢驗三錄跋

東瀛鈔　新注　安寬錄三卷前首正大閤元長士

用東甌王與自敘次作□□羊角山寧庠序次正統　寫前門內西城櫝兵部窖中

三年十一月朝鮮中訓大夫集賢殿直提學知製教經筵侍讀官柳義孫　銜兩日小進西路北第二門

車龍庇俊有原中春通政大夫江原道觀察黜陟使兼兵馬節度使魚監倉官

安集轉輸勸農管學事提調刑獄公事知松崔萬理跋盖經朝鮮藝文館

浮中朝元代刻本命其臣吏曹參議崔致雲判承文院李世衡莊獻王祠

直提學市孝文承文院校理金滉等讐之音註而刻於江原道者義藏賢序

作註之事萬理序刻書事也無寬錄始刻於胡文煥格致叢書中其參

世不多見嘉慶以來孫淵如顧千里始爲表章於是吳山尊刻之檢驗三

錄中韓氏又刻諸王雨堂叢書中兩本亦出不同而浮王氏自敘故

47

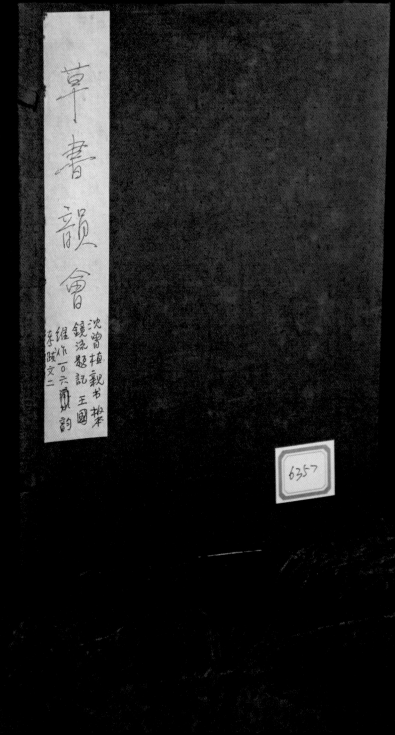

草書韻會

沈曾植觀書枎本
鏡流題記王國
維作一○六頁韻
孫殿文二

6357

日本文化九年心斋桥加贺屋善刻本
《草书韵会》

　　《草书韵会》五卷，金张天锡编纂，日本文化九年（1812）心斋桥加贺屋善刻本。《草书韵会》采汉魏至金一百十三人书迹，分韵编次，每字有数家草书字形，下注真书，与宋高宗《草书礼部韵宝》同例，是一部草书字典。该书由书法家张天锡积四十年精力收集编成，一方面作为草书字典，在书法史上具有数据和艺术价值，另一方面，因为王国维由此书而推断出"一百六部之目并不始于王文郁，盖金人旧韵如此，王、张皆用其部目耳"的结论，所以该书在音韵学上甚受重视。

　　此书有沈曾植亲笔跋文一则、王国维亲笔跋文三则，王国维跋文即为上述观点之原文，《观堂集林》收录《书金王文郁新刊韵略张天锡草书韵会后》一文，内容与此书跋文部分相同，当为后来修订合并者。

　　【册数】二册。

　　【尺寸】版框 21 厘米×15.6 厘米，装帧 25.8 厘米×18.3 厘米。

　　【行格版式】半叶七行，每行字数不等，白口，四周单边，双顺黑鱼尾（偶有数页出现单鱼尾、花鱼尾）。

　　【作者】张天锡，字君用，号锦溪老人，金代书法家，河中（今山西蒲州）人，官至机察。真书得柳公权笔法，草书师承汉魏晋宋诸家，亦善大字。有《草书韵会》行于世。

　　【内容】《草书韵会》收集了汉章帝、史游、张芝至金朝赵秉文、王万庆等历代书法家的草书字形，按上平声、下平声、上声、去声、入声各韵部顺序排字，卷前云"历代善草书人数二百五十八人，道迹在者一百十三人"，按时代列出书家姓字（或注其略写），末云"此韵自始至终字字皆有渊源，至一点一画，无不按于规矩。但法度稍异者，皆注其所出云云"，书中凡收集到的草书字形皆列出韵部之下，除注该字楷书字形外，偶也注出来源书家，如"右""素""颠"等。

　　【刊刻者】书尾刊语为"文化九年壬申初冬求版""浪华书肆 松根堂""心

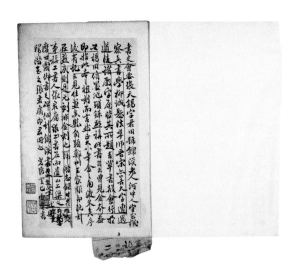

斎桥通北久太良町 加賀屋善藏梓"。日本文化九年为1812年，即嘉庆十七年，浪华即今大阪，此书为大阪加贺屋善刊本。

【原书序跋】[草书韵会引·赵秉文][跋·樗轩老人][跋草书韵会·物茂卿]

【后人批校题跋】内封粘贴沈曾植跋文一页，全书末尾粘贴王国维跋文两页。

【跋·沈曾植】《书史会要》："张天锡，字君用，号锦溪老人，河中人，官至机察。真书学柳诚悬法，草师晋宋，亦善大字，（遭遇）道陵诸殿字匾，皆其所题。有《草书韵会》行于世。"杨用修《墨池琐录》极称此书，自云曾见金本，盖即指此本之祖刻而言。然正大八年金之南渡久矣，序后有记云"见住燕京县角头郑州王家雕印"，既刻在燕京，则是元刻，非金刻也。《归潜志·录崔立碑事》称工书人张君庸求书石，而遗山《上梁文》云："就磨甘露御书之碑，细刻锦溪书叟之笔。"然则《归潜志》之张君庸即君用也。光绪癸巳壹庵书。

【跋·王国维】

1. 金张天锡《草书韵会》五卷，前有赵闲之序，署至大（按：王国维原文及手定本系统用"至大"，罗振玉、赵万里等《遗书》本系统改为"正大"，下同）八年二月，后有樗轩老人跋，署至大辛卯八月。其书上、下平声各十五韵，上声廿九韵，去声三十韵，入声十七韵，凡一百六部，与平水书籍铺王文郁所撰《礼部韵略》全同。王韵前有许古序，署至大六年己丑季夏中旬，前乎此书之成才一年有半。又王韵刊于平阳，此书成于汴京，未必即用王韵。窃谓金人旧韵早已并为一百六部，二书特仍用之耳。一百六部之不始于刘渊，得金刊王文郁韵始知之；其并不始于王文郁，则非见此书不能知也。拯、证二韵之与迥、径同用，当出金人功令，否则文郁等虽敢妄作，独不虑误当时应举之士耶？

戊午秋日，假东轩先生此书，校石刻章草《急就篇》。此书所集《急就》字凡八十五，皆旁注史字。其中二十字不见《急就》中，非张氏所见本不同，乃误释也。如"采"乃"操"之讹，"潽"乃"缙"之讹，余可类推。又《急就》中之"莽"乃"箄"字，此误释为"美"，入尾韵；"樊"乃"贯"字，此误释为"贯"，入翰韵，皆失之。八月八日海宁王国维识。

2. 王文郁书名《平水新刊韵略》，刘渊书名《新刊礼部韵略》，此非谓宋宝元所修之书，盖金自有《礼部韵略》也。宋之《韵略》自宝元讫于南渡之末，场屋用之者数百年。后世递有增字，然必经群臣奏请，国子监看详，然后许之。毛晃增注本增字乃逾二千，然其书于绍兴三十二年表进，是亦不啻官书也。然历代官私所修改，惟在增字增注，至于部分之分合，则无敢妄议者。意金制亦然。许古序王韵，但云"病旧韵之简且严"，简谓注略，严谓字少。故王文郁新刊之韵亦不过增字增注，与毛晃书同。至于部分之合并，要未敢拟议也。故"二百六部"（按：《观堂集林》改为"王韵"，按文意当为一百六部）并宋韵同用诸韵为一韵，又并宋韵不同用之拯、等、证、嶝四韵于迥、径者，必金功令已然。金人词赋一科，虽兼试诗赋策论，而所最重者为律赋。律赋用韵平仄各半，而上声拯、等二韵，《广韵》不过十二字，《韵略》又减焉，此律赋家之所最窘也。窃意金人功令因此许与迥同用。（因此遂有一百七部之韵，如刘渊熊忠所本者是也。）复因证、嶝与拯、等同类，韵字亦少，遂又以证、嶝合于径韵，以示画一，遂有一百六部之韵，如王文郁《韵略》与此书所本者是也。然拯、证同类之平、入二声犹自为一部，则以韵字较宽之故。要知此种韵书全为场屋而设，与声韵之学无关，则一切议论可以息矣。戊午八月九日国维又识。

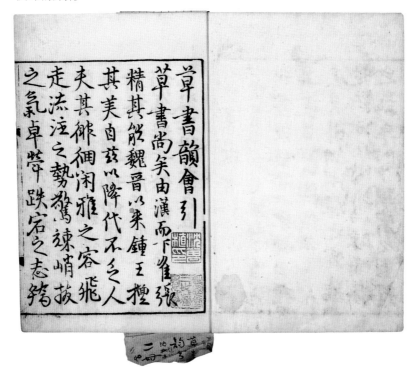

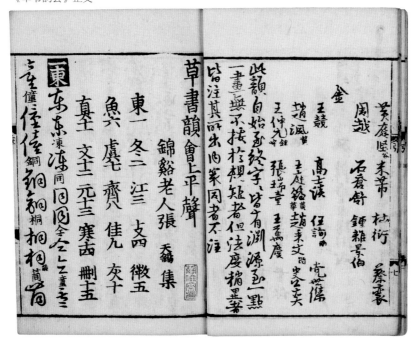

3. 黄公绍《韵会》有拯无证，盖欲使上、去二声各得三十韵，别无他说。既不合于韵理，又与金功源功令不合。黄目盖本之刘渊之书，出于金亡之后，时科举之废久矣，故其韵目参差如此。次日又记。

【钤印】内封沈曾植跋文末尾钤印一枚：白方"沈印／曾植"。内封钤印两枚：朱文"华亭"、白方"沈印／曾植"。《草书韵会引》卷端钤印两枚：朱方"延恩堂／三世藏／书印记"、白方"沈曾／植印"。上下册正文卷端钤印各一枚：朱文"静俭斋藏"。卷末《跋草书韵会》钤印两枚：白方"慈护／藏书""沈颎／之印"。王国维跋文末尾钤印两枚：白文"静安"、阴阳方印"王／国维"。

【按语】此书前有金正大八年（1231）赵秉文序，末有"见住燕京县角头郑州王家雕印"原书刊记，另有正大八年樗轩老人跋及"洪武二十九年（1396）丙子日卒刊"朝鲜刊记。根据金程宇编《和刻本中国古逸书丛刊》解题："此书有日本刻本，《倭版书籍考》卷十著录。《和刻本书画集成》第二辑曾据日本庆元间覆朝鲜洪武二十九年（1396）刻本影印。此书早印本罕见，后印本存世颇多。国内所藏为庆安四年（1651）刊本，北京大学图书馆、辽宁省图书馆（罗继祖《贞松堂秘本提要》著录）、宁夏大学图书馆（陈柱旧藏）有藏。"

此书所附跋文四则，内封一则为沈曾植所书，讨论此书版本源流。沈曾植云："杨用修《墨池琐录》极称此书，自云曾见金本，盖即指此本之祖刻而言。然正大八年金之南渡久矣，序后有记云'见住燕京县角头郑州王家雕印'，既刻在燕京，则是元刻，非金刻也。"指的是《墨池琐录》卷三云此书"其精妙神采，不减法帖"，此书初刻本应是墨韵精妙，现存翻刻本已经神采尽失。沈曾植认为，杨慎所见初刻，因刊于金正大八年，此时之燕京已为蒙古所得，即蒙古窝阔台汗二年，所以当是元刻。但如果考虑此书编辑者、序跋者、编辑时间及当时的文化传承因素，此书祖刻称为金刻，事出有因。

后三则跋文均为王国维亲笔，墨笔书于商务印书馆花笺之上，三则跋文写于前后连续的三日之内，可见其不断思考的过程。王国维认为："一百六部之不始于刘渊，得金刊王文郁韵始知之；其并不始于王文郁，则非见此书不能知也。"通过此书也是"一百六部"的现象，侧面证明了一百六韵部的分类不是

《草书韵会》跋

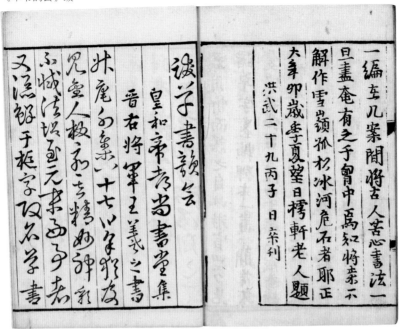

王国维《草书韵会》跋文

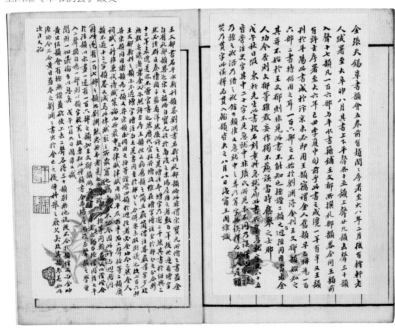

54

自王文郁创始，更不是自刘渊创始，而应该是金代科场就存在的用韵法，是当时科场出于实际考虑，放宽了用韵范围，合并了拯、等、证、嶝四韵于迥、径两韵后产生的（迥、拯、等同韵，径、证、嶝同韵）。王国维对此书的韵部进行了反复的研究思考，同时溯源了历史上一百六部、一百七部、一百八部等多种韵部分法产生的原因。王国维总结道："要知此种韵书全为场屋而设，与声韵之学无关，则一切议论可以息矣。"

王国维此书中的跋文与之后刊行的《观堂集林》所收录文字，并不完全相同。原跋三则写于戊午年即 1918 年，从三则跋文中可以看出不同的考证角度。《观堂集林》出版时，用语及论证已经过整理合并。

另外，从跋文可知，王国维系戊午年秋从沈曾植处借得此书，《王国维全集·书信》有八月二十四日致罗振玉信："顷借寐叟之金张天锡《草书韵会》，其书已并为一百六部，与今均同，前乎平水刘渊者二十一年，又系用金人旧本，然则今韵之由来远矣。前人以为始于刘渊者，乃未见此书故耳。"此书力证了沈曾植和王国维的学术研究方法以及各自的侧重点，也见证了他们交往的历史。

史綱通義

言也實事而達其論董其古自
為大唯堯則之魏魏紀三皇
章目是以來載籍魏其有成
文者家姓斯乃楊朱昭哲然而
素者也是以上述三皇下記六國

清道光六年广州喜闻过斋重刻本
《风俗通义》

　　《风俗通义》十卷，汉应劭撰。清道光六年（1826）广州喜闻过斋重刻本。《风俗通义》是一部东汉时期的社会风俗志，汉唐人多引作《风俗通》。《风俗通义》原本三十卷或三十一卷（内有目录一卷），今存十卷。卢文弨《群书拾补》中辑有《风俗通义逸文》一卷。该书考论典礼方面类似《白虎通》，纠正流俗方面类似《论衡》，记录了大量的神怪异闻和民间风俗，应劭本传称："撰《风俗通》以辨物类名号，释时俗嫌疑。文虽不典，后世服其洽闻。"该书考释议论名物世俗，记录了汉代民间风俗和鬼神崇拜的面貌，是研究汉代社会面貌和文化思想的重要史料文献。

　　此书为沈曾植家旧藏，《海日楼藏书目》"第匏字号书箱"著录"尚书公手批本，道光丙戌喜闻过斋重刊本"，有沈曾植批、校。

　　【册数】二册。

　　【尺寸】版框20.3厘米×13.9厘米，装帧27.7厘米×15.3厘米。

　　【行格版式】半叶九行，行十七字，白口，四周双边，双对黑鱼尾。

　　【封面】封面题签"风俗通义"。封内题"风俗通/义"，下有双行小字"道光六年重雕/于友多闻斋"。卷末牌记"道光丙戌仲/春重雕于广/州喜闻过斋"。

　　【作者】应劭（约153—196），东汉学者，字仲远，又作仲瑗，汝南郡南顿县（今属河南项城）人。父应奉，桓帝时（147—167）名臣，官至司隶校尉。应劭少年时专心好学，博览多闻。灵帝时（168—189）被荐举为孝廉。中平六年（189）至兴平元年（194）任泰山郡太守，后依袁绍，卒于邺。应劭博学多识，著有《汉官仪》《礼仪故事》《汉书集解》《中汉辑序》等，现存《汉官仪》《风俗通义》等。

　　【内容】书今存十卷，前有目录。苏颂校定《风俗通义》，从庾仲容《子钞》、马总《意林》中辑得原篇目。今人据苏颂题序，于篇名后补出原次序：《皇霸》第一，《正失》第六，《愆礼》第八，《过誉》第七，《十反》第九，《声

【书影】

《风俗通义》序

《风俗通义》卷一

音》第十三,《穷通》第十五,《祀典》第二十,《怪神》第二十一,《山泽》第二十四。已佚二十篇为:《心政》《古制》《阴教》《辨惑》《析当》《恕度》《嘉号》《秽称》《恃遇》《姓氏》《讳释》《忌辑》《事服》《妖袁》《祭宫室》《市井》《数纪》《新秦》《狱法》。此二十篇次序已无考。每卷篇目下均有总说明,其下又各有子目,每一子目下先详述其事,再加"谨按",以论证其得失。

【刊刻者】[广州喜闻过斋][友多闻斋]清道光间广州人叶梦龙(1775-1832)室名。叶梦龙,字仲山,号云谷,工画兰竹,其友多闻斋所藏书画一改以往书画收藏家对外"秘而不宣"的保守,采取了开放和大度的态度,让当地画家观摩藏品,切磋技艺,对当时的岭南画坛产生了促进作用。刻印过林侗《唐昭陵石迹考略》五卷、汉应劭《风俗通义》十卷等书。

【原书序跋】[大德新刊校正风俗通义序·应劭][后跋·丁黼]

【后人批校题跋】全书贴满白纸细长签条,上有墨笔笺注,偶见有红纸签条批注。天头另有朱笔批注,为沈曾植亲笔。

【钤印】《大德新刊校正风俗通义序》卷端钤印一枚:朱方"禾兴沈曾植/子培氏平生珍/赏书画印"。正文卷首卷端、卷六卷端各钤印一枚:朱方"一盦/藏书"。

陰易御覽作陰陽

氣有寒……陰易水泉有美惡草木

三國志董卓傳引風俗通曰司隸劉囂以黨諸常侍致位公卿

剛柔也俗者含血之類……

類聚鳩類引俗說高祖与項羽戰敗於京索遁叢薄中追求之時鳩正鳴其上追者以爲必無人遂得脫及即位異此鳥故作鳩杖以賜老者按少皞五鳩鳩民者也周禮羅氏致鳩以養老漢無羅氏故作鳩杖以扶老

……天……正或邪或善或

也聖人作而均齊之咸歸於正聖人廢則……

月五日長命縷俗說益人命 引 初學記

俗尚書天子巡守至于岱宗覲諸侯

類聚郡部類引 周制天子方千里分爲百縣縣有四郡故左氏傳曰上大夫受縣下大夫受郡至秦始皇初置三十六郡以監

郡

百年……

……方與俱曰百里不同風……

公……是……之……政之要辯

又郡太傳引漢改郵爲置置者度其遠近之間置之也

正俗最其上也周秦常以歲八月遣輶軒

使求異代方言還奏籍……室及嬴

文選注意林並作采

吳志諸葛瑾傳引風俗通曰葛嬰爲陳涉將軍有功而誅孝文追録封其孫諸縣侯因氏焉

……無見之者蜀人嚴君平有

【按语】此书内封题"风俗通／义"，双行小字"道光六年重雕／于友多闻斋"，卷末牌记则为"道光丙戌仲／春重雕于广／州喜闻过斋"。友多闻斋、喜闻过斋同为叶梦龙室名，《中国古籍总目》同列道光六年（1826）友多闻斋、喜闻过斋刻本。另如《周秦魏诸子知见书目·第五卷·目五四·中国风俗通书目录》亦著录有同为道光六年的《风俗通义》喜闻过斋刊本（四川省图书馆藏）和友多闻斋重刊本（台湾图书馆藏）。

無幾私懼後進益以迷昧聊以不才與爾

知方以類聚凡一十卷謂之風俗通義言

雲□鎖重闢小冊

郭恕先擅藝文工篆隸忬旨流巖□

時與王士元對手自寫屋木假士元寫人□

諸大圖皆有人物不識果如所說否若恕先著

丹青以玩世者也奈何史家傳之文苑中哉

圖繪卷七

十五

平生壯觀引

五世祖資尹公世居常熟之任陽博□

一會必錄其欵識詩跋以存□

一易水鄉也時遇□

方涇上豐□

王蒙　唐志大

　　　倪瓚

元明善

清道光间蒋凤藻精抄，魏锡曾、周星诒校稿本《平生壮观》

《平生壮观》十卷，明顾复撰，精抄本。顾复精鉴赏，家藏法书、名画、古器物甚富，并延交东南诸收藏家，得见书画名迹，随笔记之，著录成此书。前有康熙三十一年（1692）徐乾学序及顾复自序。此书钤印有"茂苑香生／蒋凤藻秦／汉十印斋／秘箧图书"，知为道光间蒋凤藻抄本。

《平生壮观》对于明末殉节诸贤翰墨有专章论述，眷恋故朝之情，溢于言表。在雍乾文字禁忌之下，该书流传甚少，可能与顾氏家族为明遗民有关，因此此抄本更见珍贵。此书乃沈曾植旧藏，为蒋凤藻刊刻前请魏锡曾、周星诒校对之宋体精抄本，亦有周星诒校跋。

【册数】四册。

【尺寸】版框 17.1 厘米 × 11.2 厘米，装帧 22.6 厘米 × 14.1 厘米。

【行格版式】半叶九行，行二十字，双行小字二十字，上下黑口，四周双边，双对黑鱼尾。

【作者】

1. 顾复，生卒履迹不详，活动于明末清初，字来侯，自署方泾上农，湖南武陵（今常德）人，居江苏常熟。明末遗民。能书善画，精鉴赏，家藏法书、名画、古器物甚富。

2. 魏锡曾（1828—1881），字稼孙，号鹤庐、印奴，浙江仁和（今浙江杭州）人。咸丰贡生，官至福建盐大使。因世学渊源，自幼即嗜印成癖。除搜集印谱外，亦致力印学研究，论印极精辟。与赵之谦有深交。著有《非见斋金石文字》《魏稼孙集》《书学绪闻》《绩语堂诗存》《篆刻年历》等。

3. 周星诒（1833—1904），字季贶，河南祥符县（今河南开封）人，兄星誉官至广东盐运使，星诒藉其资财，藏书甚富。所藏虽无宋元旧刻，但甄择甚精，尤多名人抄校本，朱黄灿然，皆有题跋。亦精于目录之学。为官福建，亏公款无以偿，蒋凤藻出三千金资之，遂以藏书尽归蒋氏心矩斋。有藏印曰"癸巳人"。著有《传忠堂书目》《窳圹诗质》《勉憙集诗》等。

【内容】余绍宋《书画书录解题》卷六云："是编法书、图绘各五卷……法书一卷，魏至五代人书；二卷北宋人书……三卷南宋及金人书……四卷元人书……五卷明人书……六卷图绘，晋至五代人画；七卷北宋人画；八卷南宋及金人画……九卷元人画……十卷明人画，终于董其昌。皆据其所见名迹著录……"此书体例依时代编排，略注明作品的材质、尺寸。书法记其真、行、草、古体，形容师法，图绘则记其设色水墨，布景疏密，也略及其师法、题跋人名、钤印图章及书画要旨。对每位作家偶有评骘，有时兼记其遗闻轶事。对于有些作品，还会注明其真伪，但是只记真伪，考核不详。作品藏处不记。该书所录，皆作者所见书法、绘画名迹，故名《平生壮观》。

【刊刻者】蒋凤藻（1845—?），字香生，清吴县人。家世经商，纳赀为郎，曾任福建福宁府知府。嗜书成癖，在福建结交周星诒，星诒尽传其目录之学，并留心搜访明末徐兴公、谢肇淛及带经堂陈氏遗书，后又尽得周星诒所藏精本，遂成藏书大家。因得孙星衍、严可均手校旧抄本《北堂书钞》，筑书钞阁储之。有《铁华馆藏集部善本书目》。与叶昌炽协力校刊《铁华馆丛书》《心矩斋丛书》，影响深远。

【原书序跋】［序·徐乾学］［自序·顾复］

【后人批校题跋】书中有诸多批校点读，绿色、墨色、朱色各色笔均有，

其中绿色及墨色字迹主要是对文字的校对，朱色为沈曾植笔迹，主要是阅读时对书法及绘画作品的点评，以及对书中所记录的书画作品经自己目验对比后的结论。

［题记·魏锡曾］

1.辛巳六月廿三四两日粗读一过。

2.辛巳六月廿七八九日锡曾粗读一过。

［跋·周星诒］

1.此本当由录从原稿，故字多舛误，且有旁注小字错入正文者，此抄胥之咎也。至文义间有未〇〇必不可省之字，则作者创稿而未润色故也。香生太守欲未入所辑丛书，专之手民，先属吾友魏稼孙譲尹（锡曾）为任雠校，未及其半，稼孙作故。今春予从借看，因为补校一二。稼孙于书画金石之学，致力二十余年，视听渊博，非予所及，而虚心下问，不弃荒陋，每有疑义，必走商榷。今殇将半年矣，冷巷屦声，三更久不闻响。抚其手迹，怆然久之。壬午二月初七夜巳翁周星诒。

2.来侯生当竟陵风气盛行吴会之时，故其文笔颇染钟谭佻纤习气，后来校者，但少改其文之未违意处可也，不必痛加删改，致失其真。巳翁。

【钤印】《平生壮观》徐乾学序卷端钤印一枚：朱方"茂苑香生／蒋风藻秦／汉十印斋／秘箧图书"。正文卷首卷端钤印一枚：朱方"阿菟浮多"。

【按语】该抄本宋体精抄，"玄""弘"字缺笔，"曆"作"曆"，"丘"字加框，"宁"字不讳。根据第一册末题记"辛巳六月廿三四两日粗读一过"、第二册末题记"辛巳六月廿七八九日锡曾粗读一过"，以及周星诒跋语"香生太守欲未入所辑丛书，专之手民，先属吾友魏稼孙嵯尹（锡曾）为任雠校，未及其半，稼孙作故。今春予从借看，因为补校……"则知，蒋凤藻欲将此书收入他所辑入的丛书刊布，命人抄录原稿之后，延请魏锡曾担任雠校，进行校对工作，然而魏锡曾校雠未及其半便作古了。周星诒借看此书，从而进行了补充校对。据此一点，则此抄本实际上可目为稿本。查现存蒋凤藻所刻诸丛书，未存《平生壮观》，疑此书魏锡曾殁后当时未及刊布。后此原稿为现代画家高野侯收藏，后归沈曾植。曾先后由上海人民美术出版社、上海古籍出版社影印出版，亦有上海古籍出版社点校本。

【书影】
《平生壮观》正文

平生壯觀圖繪

方涇上農顧復著

晉

顧愷之　號虎頭或云官也

女史箴絹本六尺有奇人物四寸面目衣褶無纖
媚之態設色自然高古絕倫人物中神品也本身
絹楷書女史箴意度緯然後愷之欵押相傳爲王
大令筆董文敏勾勒入戲鴻堂帖中定爲虎頭書
甚善

《平生壮观》魏锡曾题记

辛巳六月廿三四两日粗读一過

《平生壮观》周星诒题跋

此本當由錄迄原稿故字多舛悞且有奇
注小字錯入正文者此盖□至文義
間有未惬洄必不可省之字則作者削稿
而未潤色故也 畜生太守欣來入內輝
舊書尋之手民先屬呂友魏稿初醒
尸錫曾為任譬校未及其牛稿如作
故今春于涇備有因為補校一二稿

孫于書畫金石之學致力二十餘年
視聽淵博非予所及而憲小下問不棄
荒迴每有疑義必盡髙榷今物將半
卓兵冷若展臂之不闻響撫其手
陳悕此之   壬午二月初七夜已翁周星诒

未候生富覓法風氣感行头會之吁故其文筆
頗染鍾譚餘緒習氣淺來校若但少改其文之未
遠意處可也不必痛加刪改致失其真 巳詒

公墨跡款楊王直跋云王真死於寶應其後屢
遭變故經亦流落亡失其半
唐初剝剛未興抄寫相尚况乎靈文秘典蛆蛆橫
目侈心以求福報者哉故當時玄綾書道諸書多見名
公之筆褚河南楷寫西昇徐季海綾書道德卽剛
方清正之柳誠懸有廢八清淨之遺跡流傳到今
六甲經者五帝之奧肯靈而能飛道藏中之秘授
是時玄宗崇尚盧無王真公主令鍾紹京寫以進
昆者京人品中中楷書酒歷代所寶藏革效
諸宣和譜上此經不錄而紹京之名亦無之不虞
獲見祐陵標題也何故主人曰是經也玄肯心傳
道君自當藏之神霄玉宸伴林靈素葦什襲保之
豈令其混入宣和玩物之中縱混入必飛出余宛
爾而答曰果哉飛乎南歸吳會清夜當辰北斗壁
之

靈苑經明署玉真書不知何據武斷為館代
寫皆王暢甫曾作詩辯之矣

當時目力苦短以雙勾視之因其用墨肥也迨縱
觀晉唐名蹟真本摹本頗多始獲賞心為有力者
貞去矣若恤獄詔樣史筆耳俗氣侵人豈堪與春
令妙蹟作婢

頗公自頗如是賣鑒安得不精

詰命
范隋詰將仕郎權知幽州艮鄉縣主簿范隋詰可
桂國咸過二年六月　　日下紹興年范正國題
汪伯彥題召嗣興觀章傑李璆程敦厚曾幾呂稽
中盧奎　　安中劉昉劉岑吳曾趙奇宋瀚周聿馬
居中呂堅中呂升之趙戩譚惟寅任希夷湯仲友
皆南宋人曹鑑至順年題元人

沈曾植稿本
《钦定蒙古源流笺证》

　　《钦定蒙古源流笺证》，沈曾植笺证，手稿本。此原稿本朱墨两色笺证，使用底本为清刻八卷本《钦定蒙古源流》。

　　《蒙古源流》，清蒙古族萨囊彻辰撰。作者自称此书系根据《古昔蒙古汗等源流大黄册》等七种蒙、藏文字资料写成。《蒙古源流》是 17 世纪蒙古编年史中最为珍贵的一部历史文献，也是蒙古族重要的宗教史文献。乾隆四十二年（1777）译为满文，乾隆五十四年译为汉文，称《钦定蒙古源流》，编为八卷。该书曾收入《四库全书》，前有《钦定蒙古源流提要》。19 世纪末 20 世纪初，比利时、日本等国开始重点研究《蒙古源流》，并把它与《元秘史》《蒙古黄金史》合称为蒙古民族的三大历史著作。

　　【册数】四册。

　　【尺寸】版框 18.1 厘米×13.8 厘米，装帧 24.7 厘米×15.5 厘米。

　　【行格版式】半叶八行，行十八字，双行小字十八字，白口，四周双边，单黑鱼尾。

　　【封面】函套封面题签"沈乙盦先生蒙古源流校稿"，下有双行小字"慈护兄藏／孟劬题"。

　　【内容】书分八卷。记述的主要内容是额纳特珂克土伯特蒙古汗传世次序，及蒙古供养大喇嘛、阐扬佛教的事迹。以宇宙的形成、佛教的起源与传播为全书缘起，次纪额纳特珂土伯特蒙古汗世系。按编年记载蒙古历代诸帝王世系，到成吉思汗的传说和故事，到忽必烈兴佛教，顺帝妥欢帖睦尔的失国，再到北元时期蒙古内部的帝位争夺，与卫拉特（瓦剌）、兀良哈（朵颜卫）的分并和战，达延汗的平定和分封，阿勒坦汗的再兴佛教以及用兵甘、青、西域，土们札萨克图汗的东移以及征服女真等，直至林丹汗的抗清和败亡，诸部的被兼并等事迹。

　　全书对蒙古政治、经济、宗教、领地划分、各部战争和诸汗世次、名号、生卒年及人地诸名、职官等的叙述在所有蒙古文史籍中最为详细。此书用语有散文，有韵语，还收录了很多蒙古民间传说、诗歌及藏、梵、汉、满等族的语言，对于研究蒙古文学、宗教、生活习俗等来说是珍贵的历史文献。

【原书序跋】卷前有《钦定蒙古源流提要》。

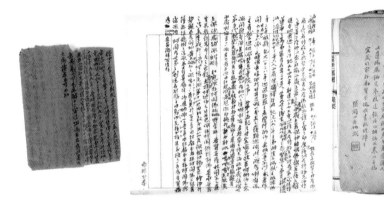

【后人批校题跋】全书有朱墨两色详细校读批注，朱笔校对文字，并标注重点文字，墨笔于天头地脚加以详细校注，均为沈曾植亲笔。卷端天头题："癸丑用王氏抄本校一过，朱笔。诸氏本从满、蒙、汉三文合刊本录出，文胜王氏。今多从之。"具体校注例如首页"三恩喇嘛"改为"三德喇嘛"，并注："诸本作三恩。"

［跋·沈曾植］此刻出翰文斋韩星原手，元本抄写极恶，余尝见之。三十年来欲求善本校之，竟未遇也。宣统癸丑偶从沪上得一抄本，校勘一过，增脱文数处，然察其字句讹舛，所目与韩本盖亦同一源，未为殊胜。

［题跋·张尔田］此沈乙盦先生笺证时手写原稿也。庚午夏，慈护兄以遗稿属编定，参校迻录，均已别编成卷。此手稿宜藏于家，存高贤墨迹。敬书数语归之。张尔田孟劬识。

【钤印】张尔田题跋钤印一枚：朱文"孟劬"。卷三卷端钤印一枚：白方"一盦手校"。

【按语】根据沈曾植跋文，该书原刻为清翰文斋坊刻本，沈曾植初欲求善本校之而不可得，而根据首卷卷端沈曾植批注，后来他所参校的他本还有"王氏抄本""诸氏本"等。书中有沈曾植详细校批甚多，不仅限于从文字、音韵、版本等角度校读该书，更有论证历史、地理和宗教等内容。另有夹页数张，内容为"印度宗教史第二部第二章""西藏佛教史印度宗教史第四章"等，多为沈曾植撰写笺证的参考书籍及笔记，可见他对此书研核尤勤。张尔田称此书"叙述繁复，又经重译，非熟于满蒙音纽者不能读，非深于史学善用钩稽之术者不能通……荜路蓝缕之功，微先生莫为之前"。

沈曾植对于舆地之学颇有心得，乡试时，有关舆地的答卷为翁同龢所激赏，视为通人。而他的研学生涯又与他的政治生涯紧密相连，研学但求经世致用。他出任总理各国事务衙门章京后，主管俄国事务，深患于西北沙俄、东南英法的威胁，于是益究四裔舆地之学，创获颇多，声名远播。1893年，俄罗斯使臣喀西尼以《唐阙特勤碑》《突厥苾伽可汗碑》《九姓回鹘受里登泪没密施合毗伽可汗圣文神武碑》影印木，求沈曾植翻译考证，沈作三碑跋，博得众人认同。此事后来广为流传，西方学者也多加以引用。在沈曾植一生的著述中，四裔舆地之学占了很重要的部分，计有《元秘史笺注》《皇元圣武亲征录校注》《岛夷志略广证》《蒙古源流笺证》等十余部。其中《蒙古源流笺证》，未写定而归道山，张尔田与王国维相约为沈曾植理董其书。后其子沈颎（慈护）出遗稿倩张尔田编次，定为笺证八卷，张氏又增校补。写成之后，复从赵万里处假得王国维校本，发现多有印合之处，遂增以王氏校语刊行。

此外，该手迹原稿中尚有无法辨认的抄写及圈点笔迹。查阅《海日楼藏书目》"第九号书箱"著录"《钦定蒙古源流八卷》，〔内藤〕炳卿批校本，四本"。内藤湖南（1866—1934），日本汉学家，本名虎次郎，字炳卿，号湖南。若此书即是著录之本，或亦留有内藤氏的笔迹。

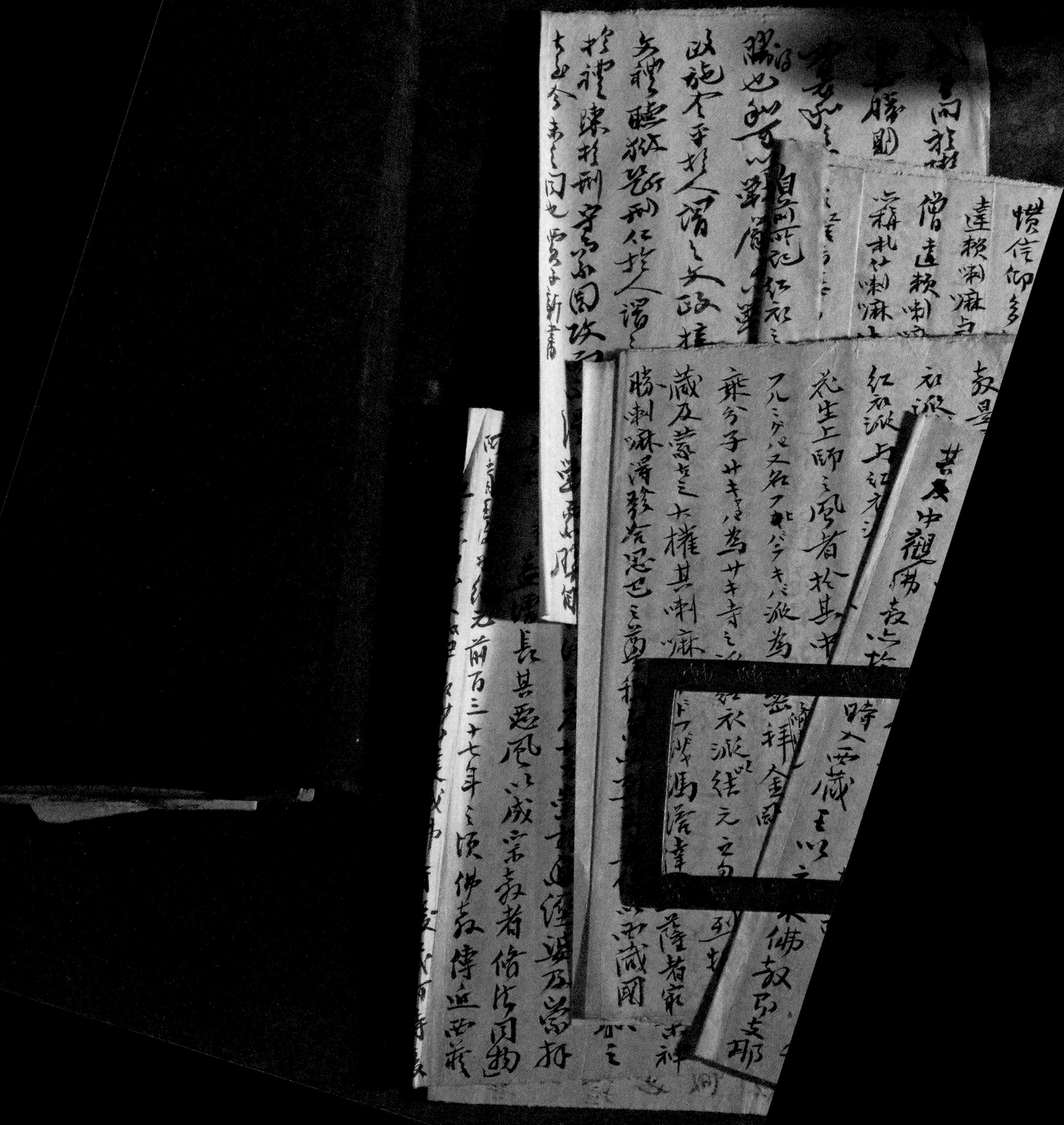

慣信仰多

達頼喇嘛ハ

僧達頼喇嘛ハ

達頼喇嘛

僧祇論云結集三藏事統紀集三藏兩序云荊溪論結集三藏有三處一千結集云

在竟初原註佛滅後冒十五

年後因伽陀比丘王請當論通不同原註未植案經三次惟荊溪所述竟明統紀集

三藏兩僧詳前三次宗刻迦葉此生一次大小乘論議之始開為石詳即其法運通

纂志四身於迦葉迄選達寺心淡一字石釰研閣之跡石尓可識

僧祇律如來滅後持華鈼羅家立三座部主法為三藏阿雖誦出經藏迦葉誦出論

藏優波離出律藏此即上座部是有一千賢聖之命婆尺迦於窟外結集名大眾部此二部

通稱僧祇律是為根本按荊溪所謂第一次結集也必鳥拉吊秉鈼羅阿羯達印阿雖

鳥巳竝吊優波離達曇卜印迦葉荊溪言第一次一千結集慶脫經則言滅後七日五百結

集此云五百與慶脫符四弭法輪小乘初攝也此會頗婆羅王云

阿闇世主持以屬之羯則頗婆羅至之後以計自丁亥至壬子且丸紀

今洋世尊滅後百年眠舍離城毗闍離閣于此立擅行十事非法非律非佛所教七百羅漢集論法毗尼眼尼非佛所

西結集撰善現滴當阿育王為持輪藏聖王優波鞠多大化眾生之目即四結律不言阿育王經不

吾結集詳傳中有三供養如多譜拜不捨菩毒曾論會證云共集而無三迦葉阿雖未田如摷鞠

多五結集權遁故於多教鞠多有五弟子名執三義遷多如菜王藏為五部云刘云二部統目迦葉第五

阿雖竝當以藏經訂正者口

乃年相法輪谷其亢迎暉鳥為上首者阿育王供養三萬比邱請賓頭盧慶為上座已迎暉嘗印資頔慶也

多弟子名忍為第五弟子忍則分為無相佛

多弟子名乃必非秉師師名已阿育王經撐鞠多為無相佛

钦定蒙古源流卷一

额讷特珂克土伯特蒙古汗等源流

纳摩沽噜嘛尼雅租锅卡阿雅

顶礼三宝

三世诸佛

三界

普度三界

三总喇嘛

三才定位

沈曾植笺证《钦定蒙古源流》手迹

其時喀齊古納實納國中有拉拉勒達喇嘛內

魔怪化爲瑪哈德斡托音降生仗神變力將佛

法蔡亂於是巴蘇密達爲百球之人聚集五百

菩薩五百阿羅汗五百班廸達等演誦之大

乘法輪宣演由是生蘭扎贊達昂吉贊達郭巴

瑪贊達必瑪拉幹郭密贊達喇木巴拉

拉巴拉尼巴拉等七巴拉巴拉納噶伯拉錫納

茂巴拉幹瑪巴拉錫納噶伯拉錫納

譜達錫納拉噶瑪錫納等四錫納等汗輔相佛

法等語詳爲敦演思議莫盡未能盡錄至若

山土伯特地方汗等根源解釋贊誦佛菩薩之

史內載瑪哈沙嘉沙里乃烏廸雅納汗之子班達巴

君其沙嘉沙幹哩則必沙嘉沙幹哩三

汗生子五人十八萬晋眾戰鬭彼擊創幼子嚕

巴廸敗至雪山地方遂爲土伯特之雅爾隆氏

自班達巴汗起至雅爾隆氏止興西番續藏經

合自維時巴特沙拉國之烏廸雅納汗起至

沈曾植笺证《钦定蒙古源流》手迹

韻互證土伯特之三十字母合入四聲於原三
十四字内刪去十一字以其餘二十三字與土
伯特始創之六字並原阿字定爲三十字母各
分音韻叉編成八大拜懺悔經三寶聖經俱繙成文
從此修明政治謂其地本係土伯特應以經教
引導兼定刑法殺人者儕受諸刑復行抵命偷
盜者斷手盧譌者割舌屏去十惡罪欵奉行十

訥特珂克國中參究於是隨彼處之班廸達名
德幹必特雅星哈者傳音韻之學以所學之音
之子大臣過密繖布喇並約其友十六八至額
絕域眾汗等年十六歲歲次壬辰遣過密阿努
裹不令人見至十三歲歲次巳丑卽汗位招服
德蘇隆贊以其頂紋所具阿彌陀佛用紅帛包
悔之念此子究屬已子因愛惜之命名曰特勒
贊博汗生一妙相子因不能識擲之恒河旣

訥特珂克之必瑪拉廸巴勒布之必噶瑪拉
錫拉土伯特之墨爾根巴喇古爾囉咱幹必囉
咱納卓克囉壘嘉勒燦班第伊錫德噶幹必囉
則克及漢僧瑪哈雅納等將經咒卷帙逼行繙
譯各處傳揚爲神童文殊之化身轉千金法輪
建中之咱噶喇幹掄汗特蘇隆德燦在位五十
七年歲次戊寅年六十九歲歿其長子穆尼贊
博中毒被害次子穆嚕克贊博遣往邊地幼子

沽酒至童子指云此是尋言語去者蓋謂顧酒
後則言語煩瑣也又指其母買燈油云此是尋
眼目去者蓋謂點燈可照昏夜也師不勝欣悅
遂攜其童子回汗降旨云此子名巴喇古南達
之化身分爲巴喇古爾根敦之子蓋訥特珂爾
必囉咱納之童子是也遂教以額訥特珂克語未
歲甲辰汗年三十五歲巴特瑪繖巴幹師納與額

二月十一日角木蛟鬼金羊當值之辰起至六

月初一日角木蛟鬼金羊當值之辰告成如有

差謬之處幸祈原諒賢哲見之幸為改正若云

有合於古則以為上天如意之寶而永為學者

開心上蓮花云耳

以刻出翰文齋所藏星原手之本批正訛極逐余審見之三十年

来欲求善本校正意未遇也富程癸丑偶造滬上得一批

本校勘一過欣欣然察其字句誤斜而月与辭本

蓋正同源而為殊勝

佛祖統紀梵釋劫數此下各別時節以人壽八萬四千歲百年減一年減至十歲復為一增劫二十增減為一中劫成住壞空四中劫為一大劫通

渡增正八萬四千歲如是一減一增為一增減二十增減為一中劫成住壞空四中劫為一大劫通

去現在未來各日大劫遇去日莊嚴劫現在日賢劫未來日星宿劫三世各千佛所謂或如有

起世經云劫初成時若青天空中若者金包雲徧設於天注大洪雨猶如車軸積雲徧雷為水輪遍

亂起天佳帝雨雨以水遍新空中梵天宮殿空中初起大風持至夜摩天宮殿次起大風以水為池不如前風起攝

注成層飛沈的宣殿次造化自在天眾特至夜摩天宮殿次起大風漸退不如前風起攝

城又欲以沫化大鹹水海又攪化自金山四大洲八萬四洲周帀羅圍殿以微塵鈔以支世界二十世界一劫而成壞則以支第一微室噚

送三十三天宮殿遍及須彌腹造閻浮羅圍殿以微塵鈔以三十世界一劫而成壞則以支第一微室噚

山之襲與大于世界以鉤徒歷三十增減也其第二楼止噚拉卜自南瞻部洲人壽無量時起

懷起止生育眾生止即起世經以成劫也其第二楼止噚拉卜自南瞻部洲人壽無量時起

真為滅劫第三通中噚拉卜自一萬歲止先為增一劫而合祖上通中噚

為滅劫第三通中噚拉卜自一萬歲止先為增一劫而合祖上通中噚

噚徒之住劫滅為一中劫二十增減以中劫為二十增減初第二十增減以

乃若住一滅一增有量澤文噚略要當深癸笑某某殘起噚拉卜當住壞初第五空噚

拉卜當住空劫以上止中初第六噚大噚拉卜自風壇始起至星空虛噚拉卜之末初

則是後急以上五噚拉卜獨往文然成性壞空四中劫為大劫关以書敘述原姑周不能

如滴徒言詳釋其意盲殼以州五噚拉卜該遇去莊嚴劫後一噚拉卜當現在賢劫

未來星宿劫則略而未出也

以書自四庫著錄為郝持火學者祖之興明
必察頡聲陸某知淮
張何以友迫瞭書洪諸家招初火如生義親征
錄寧穴練通詳勒此書陸去就可寶讀初次佐衛者
吾已然一家之學陸先
邪斷事末省客某日詢諱其全書翔圖
為師
竹五搗
館鈔

李翊灼修改沈曾植稿本
《海日楼札记》

  《海日楼札记》四卷，沈曾植撰、李翊灼修改稿本。此书乃沈曾植撰写的佛学札记著作，经李翊灼手批修改厘定，属修改稿本。此稿本未收入目前刊行的沈曾植著作中。《海日楼札丛》有佛学笔记部分，但仔细对照内容，并无此《札记》内容。

  《札记》原稿将内容分类为"一、史传：第一载纪类、第二杂说考证类；二、法相名数；三、校勘；四、杂识"，李翊灼修改为"一、考证；二、法相名数；三、校勘；四、杂识"四大类。至于为什么要摈弃小类目，进行这样的改动，书稿中原分类"史传·载纪类"卷前，夹有涂改说明一页，从《札记》卷一内容、整书的一致度、史传及载纪的含义等方面，对"史传"及"载纪"分类进行了学术辨证，认为卷一不宜定名为"史传""载纪"，并进行了相关说明。全书经过李翊灼修改厘定，但最后并未出版刊行。

  【册数】毛装一册。

  【尺寸】版框 20.5 厘米 ×14.7 厘米，装帧 25.3 厘米×18 厘米。

  【行格版式】半叶十四行，行二十二至二十六字不等，白口，四周双边，所用红格稿纸印有书耳"陆军"，下方印"东京·奥古纳"字样。

  【封面】封面题"海日楼札记"，朱笔批示"此中有信须看"。

  【作者】李翊灼（1881—1952），名证刚，字翊灼，以字行。江西临川人。曾由同乡桂伯华引见，入南京金陵刻经处杨仁山门下，学佛于祇洹精舍。深研法相惟识、密宗教义，与欧阳竟无、桂伯华并称为江西三杰。历任沈阳东北大学、北京清华大学、南京中央大学教授（心远大学及国立中央大学哲学教授），为著名的佛教学者。又提倡复兴礼乐，著有许多佛学著作。在目录学方面也有著述。晚年休于南昌。著有《西藏佛教史》，为最早介绍西藏佛教之著作。其余尚有《佛学伪书辨略》《敦煌石室经卷中未入藏经论著述目录》（开敦煌分类研究目录先河）《疑伪外道目录》《劝发菩提心论》《心经密义论》《金刚经义疏辑要》《印度佛教史》《周易虞氏笺订》等。

【内容】《海日楼札记》涉及诸多佛学内容，按条目写成，为佛学杂记著作。根据卷前编例："诸凡关于载纪、考证、译释、校勘，以及杂识琐屑事类，皆入此记。为便寻绎起见，编入各条，略分四类：一、史传；二、法相名数；三、校勘；四、杂识。史传中，别以载纪及杂说考证。法相名数及校勘中，函摄较广。杂识中，则尤多识法藏外事，皆不复分别。"后李翊灼核校后，似觉分类过于繁杂不清，且"（法相名数及校勘）本无多条目，不须用'函摄较广'语也"，"前面（指史传第一载纪部分）均是零碎的考证，此下（指史传第二杂说考证部分），仍与前同，可不分卷"，遂用红笔将"载纪、译释"删去，并将"史传"部分原本"第一载纪类""第二杂说考证类"合并改为"考证"这一大类，最后此书内容分为四类四卷，分别为"一、考证；二、法相名数；三、校勘；四、杂识"。

【原书序跋】卷前有《海日楼札记编例》。

【按语】据沈曾植子沈颎 1957 年致北京中国社科院院长函，1955 年 12 月浙江省文物管理委员会赴沪接收沈曾植捐献书画、书籍、碑帖共十四箱。其函所附目录，记有 "《法藏一勺录》《海日楼札记》（佛学），江西李翊灼手写"，所指即是此书无疑。检视这部题名为《海日楼札记》的稿本内容，目前仅发现佛学杂记内容，全书并无特别的主题，而是按照知识条目分类，或为笔记，或发表自己的见解。

沈曾植著作中称为 "札记" 的有好几种，"笔记" "札记" 等名广泛用之。他的门人整理时曾多次提到沈曾植对于自己的著述不甚注意掇拾整理，以至于散乱甚多。李翊灼在《海日楼诗补编序》中说："叟平生著述极多，然每不自掇拾写定；好为诗词，亦复短笺尺幅，任意狼藉。" 内容庞杂加之随意保存，也给沈曾植著述的整理带来了极大的困难。

沈曾植遗作曾由王蘧常、龙松生、龙榆生等人整理参校，后由钱仲联整理编次，出版时曾将 "笔语杂俎类" 分类归并为经学、历史与舆地、哲学、宗教与医学、文学、书法等六大部分，并整理出版《海日楼札丛》（1962 年由中华书局上海编辑所出版）。钱仲联 1948 年所写《海日楼札丛跋》有言："曰《笔记》者一卷，论道家言也。曰《笔记》者又一卷，论书、画、倚声、故事、宗教，暨南诏史者也。曰《笔记》者又一卷，多论乐律者也。曰《札记》者一卷，论诗、文、神、道、史、地、五行者也。曰《札记》者又三种，各一卷。曰《长语》者一卷……其专论佛学者：曰《东轩手鉴》者一卷，曰《法藏一勺录》者一卷，曰《札记》者一卷，又杂记佛学者八册，其外断璧零玑之杂见于故纸中可目之曰《杂札》者，尚不计也。"

钱仲联在《海日楼札丛跋》中续云："其佛学诸稿则临川李证刚先生董理之，今选录其七十余条，汇为第五卷。" 对照《海日楼札丛》卷五佛学部分，所录自原书名均在各条之下，大都出自《东轩手鉴》《札记》《杂记》。标明出自《札记》的内容，共计四十四条。然一一进行对照，内容与此本《札记》无一相同。因此，《海日楼札丛》卷五佛学部分，未有此《海日楼札记》内容。

另外，对照浙江图书馆所藏由龙榆生题名《海日楼札记》稿本，内容与收入《海日楼札丛》卷五佛学部分有重合之处。又据《沈曾植年谱长编》，上海

图书馆藏有沈曾植札记两种，题为"《海日楼札记》一卷，稿本""札记一卷（起癸丑），稿本"。经目验，上海图书馆藏《札记》稿本，其一《海日楼札记》（书号095096），内容为抄录碑文及刑律笔记，与佛学无涉。其二《札记（癸丑）》（书号861172-73），清稿本，上册内容为道教，又题名为《笔记》，与《海日楼札丛》卷六的道教部分内容有重合；下册为佛学，与《海日楼札丛》卷五佛学部分内容有重合。此外，上海图书馆另有《海日楼丛稿》（书号861187-231），为沈曾植著作中各种稿抄本的合函，其中亦有《札记》稿本多种。其中的《札记（癸丑）》为稿本，与《札记（癸丑）》（书号861172-73）的下册内容相同。另又有《札记（释）》三种。《丛稿》中还有《佛学札记》稿本两册，一册内容为名词解释，一册内容又与《海日楼札丛》卷五佛学部分内容有重合。可见，沈曾植著作的命名、流传、抄录、整理情况颇为复杂，目前可知《海日楼札丛》卷五佛学部分中标为"札记"的内容，来自上述藏本。

此种李翊灼修改沈曾植稿本佛学笔记《海日楼札记》并未刊行过。

沈曾植佛学诸稿之所以请李翊灼董理，原因是李翊灼精通佛学。李翊灼与沈曾植的交往，可参见李氏《海日楼诗补编序》。钱仲联《海日楼集校注前言》也提到，"沈氏之诗既是学人、诗人合而一之的诗，所以僻典奥语，层见迭出，不加详注，很难索解。曾有妄人，谓沈诗只有李翌（翊）灼才能为之作注。不错，李氏为沈门人，邃于佛学。但沈诗的词语来历，并不限于佛典，单注佛典，也并不能完全解决问题。所以李氏也始终没有为沈诗作注"。可见李翊灼邃于佛学是得到全面肯定的，这从李翊灼在本书上的批改修订也可以证实。

【书影】
《海日楼札记》编例

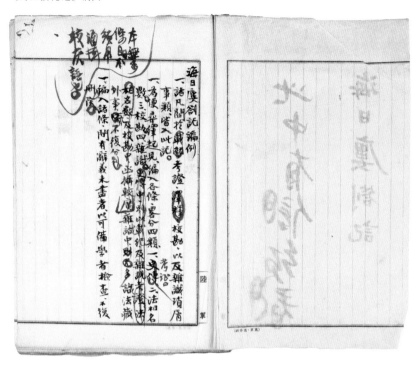

《海日楼札记》目录

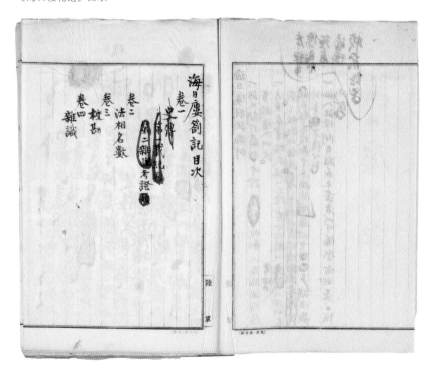

《海日楼札记》正文

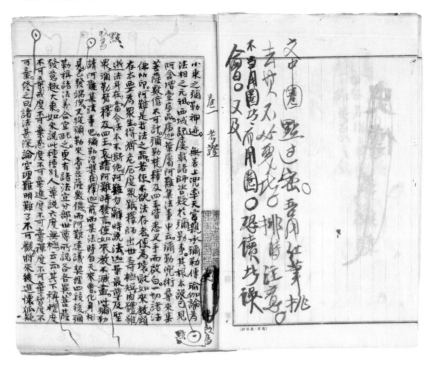

《海日楼札记》李翊灼校稿手迹

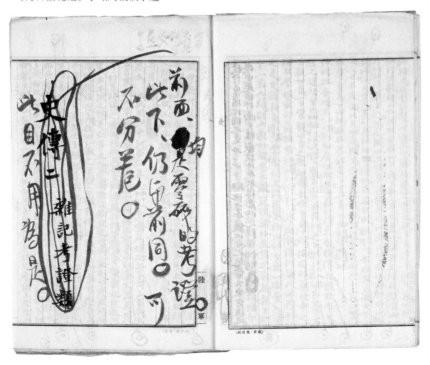

沈曾植旧藏碑帖拓本三十七种

墓志之传世者，莫盛于李唐，虽屠沽走卒，亦有埋铭，致有文不能施句读，书不能具点画者。六朝则不然，非贵胄显仕，无敢滥用，故传世至罕，而文字则皆华赡可喜。间尝都计乾嘉以来诸家所著录者，其数不逾四十，欲会最影印以传之，以中多佚石，不能备得而止。光宣之间，中州古志出丘垄间者，多魏齐物，予有所闻知，必构求精拓。及辛亥去国，亦必展转托知好构之，有邮筒往返，经岁始得一纸者，而未尝以难得隳吾志。

——罗振玉《六朝墓志菁英序》

六朝
墓志

晋荀岳暨妻刘简训墓志（并阴侧）

永安元年（304）四月十八日。该墓志呈圭形，高59厘米，广41.6厘米，厚9厘米，青石质地。文17行，阴18行，左侧3行，右侧2行，行21字。隶书。见重刻本，第一行"阴"、二行"岁"、七行"陵""写"、十三行"钱"，较之原刻俱有讹误。第十六行"遣"及阴面十五行"陵"尤不成字。1917年在河南偃师蔡庄（一作汶庄）出土。现藏于河南偃师商城博物馆，墓志拓片藏于河南省博物院。志文记载了荀岳的世系及死葬年月、籍贯、享年，并附有晋惠帝两份诏书。背面记载了荀岳的名字、生日和历任官职，并附记其妻刘氏的世系及其子女名字和婚嫁情况，全文共六百九十二字。

荀岳（246—295），字于伯，小字异姓，颍阴县（今河南许昌）人。

"此汉石经体也，中郎笔势嫡系在于兹。"

【按语】石经指将儒道释等经典文献刻立成碑，石经体就是指适合这种碑铭的书体。观石经，既可看到经典的正规文本，又可看到供人摹写的标准隶书。

中郎即东汉蔡邕。汉灵帝批准刻立的熹平石经，就是"（蔡）邕乃自书丹于碑，使工镌刻立于太学门外，于是后儒晚学，咸取正焉"，引来的盛况是"及碑始立，其观视及摹写者，车乘日千余辆，填塞街陌"。

到了曹魏，刻立三体石经，书写者以蔡邕的隶法为楷模，取用八分书的笔画特征。此时，古文、篆书是古体，隶书是正体，草书、行书和楷书是俗体也是新体。相对东汉的书风，曹魏的俗体地位得到确立并被广泛效仿。在当时隶不隶、楷不楷的过渡书体中，艺术成就较高的就是蔡邕之后的钟繇。他擅长新体，并以"铭石之书"的八分见长。沈曾植亦藏有三体石经的拓本数张，如右图所示。

清朝书家推崇的西晋隶书名迹，是以汉魏隶书为标准的。此碑处于西晋，铭石书依旧由隶书当道，书法的中心仍在洛阳，书风接曹魏。该墓志虽为隶书所写，但其中却带有楷书的意味，不仅具有研究魏晋时期隶楷之间书法变化的艺术价值，也为考察西晋皇陵的方位提供了宝贵的实物资料，对于研究汉晋时期颍川荀氏家族渊源及兴衰发展包括西晋社会礼俗等问题，亦具有重要的意义。

荀岳的同辈族人荀勖，是钟繇的外孙，他在武帝泰始年间领秘书监时"立书博士，置弟子教习，以钟、胡为法"。这一举措让钟繇的书法在朝野更为流行。沈曾植在《菌阁琐谈》中说："蔡氏分法，即钟氏隶法也。"又在文中根据唐代张怀瓘在《六体书论》中对钟繇、王羲之、王献之三人的书风比较，进一步分析："则钟最瘦，大王得肥瘦之中。小王最直，大王得曲直之中，钟最曲。锋芒生于瘦曲，妍华因于肥直。"二王是向钟繇取法的，但他们临钟书，已经带入了晋人的风气。在文字使用趋向简便自然的要求下，隶书中束缚体势的点画使转相应产生变化，促使隶书向楷书转变，章草向今草过渡。波点的笔画修饰既是书体特征，也是可以灵活运用的元素。进而，沈氏在文中又提到了蔡邕写《隶势》中所讲的"修短相副，异体同势""靡有常理"，可见这种书体

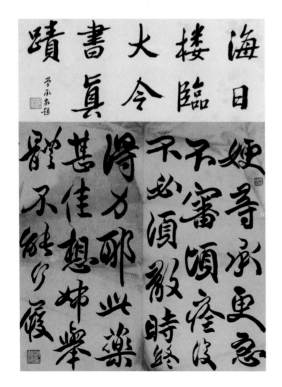

沈曾植临王献之行书
浙江省博物馆藏

98

变化之间并没有严格的划分。在另一篇《论行楷隶篆通变》中他讲到习古的要点在"楷之生动，多取于行。篆之生动，多取于隶。隶者，篆之行也。篆参隶势而姿生，隶参楷势而姿生，此通乎今以为变也。篆参籀势而质古，隶参篆势而质古，此通乎古以为变也"。所以，"变"才是他追求的。"异体同势""古今杂形"也就成为沈曾植个人的重要书观，并诉诸实践，在清季碑学运动中独树一帜。

魏故使持節衛將軍荆河
雍二州刺史七兵尚書殺
使君之莫
君諱□治字
祖禮上谷昌平人也康叔

無懃昔
彩来美　壽
圖史勒銘幽

諸碑可作寫徒觀又云彼為寫經體此為寫銘體

北魏七兵尚书寇治墓志（并盖）

孝昌二年（526）岁次丙午冬十一月丙申朔十七日壬子。志高75.8厘米，广77.7厘米。盖3行，行3字，篆书。文32行，行31字，正书。1919年洛阳城东北拦驾沟北陵出土。曾归吴县古物保存所。抗日战争时石毁。

寇治（458—525），字祖礼，上谷昌平（今北京昌平区）人。北魏将领，幽州刺史寇臻之子。从洛阳县令升任东荆州刺史、镇远将军。正光六年（525）正月，率兵三鸦镇蛮族反叛，卒于阵中，追赠卫将军、七兵尚书、雍州刺史，谥号为昭。

"诸碑可作写经观，又云彼为写经体，此为写铭体。"

【按语】此墓志如前《荀岳墓志》可称写经体，但书风上明显隶意减少，楷意增加。刻在石上的书体称为"铭石书"，自春秋战国以来，铭石书有一个由篆而隶、由隶而楷的演变过程。由篆而隶的转变在汉朝，钟繇的铭石书一般意义上指东汉末年的八分隶书，到汉魏之际，有了"八分楷法"的隶书，那是隶书流于程序化的样式。由隶而楷的转变在南朝前期已经完成。值得一提的是，孝文帝迁都洛阳在北魏后期，此时的书体也称"洛阳体"，它与平城时期延续西晋隶书的余脉不同，不仅是洛阳时期铭石书的主流形态，也是应用于写经抄书的正体字，即北魏后期楷书的官样字。

楷书在汉魏之际已经用来书写公文一类的奏章、书牍，所以有"章程书"之称。西晋时碑志仍然是隶书的领地，东晋墓志开始出现楷书，此时对隶书的理解，只是模仿"八分"的"横平竖直"和"翻挑分张"的形式特征，甚至连波磔都不明确，几乎可以视作楷书。沈曾植在《菌阁琐谈》中谈道："写书写经，则章程书之流也。碑碣摩崖，则铭石书之流也。"

沈曾植早年学书以晋康小楷为主，为"馆阁体"辨护，他认为："横平竖直，习书定则。有横直而无笔势运之，则书家所忌耳。经生写经，三馆应奉，精则精矣。如行款工而书势泯绝，何所以有算子之譬？右军《黄庭》《曹娥》《画赞》，何尝不用写经行款？而惊鸿舞鹤，天际翱翔，笔势洞精，又何尝不横是横、竖成竖乎？"变化中的书体依然具备书法的基本结体，王羲之写的小楷，就是用写经体，改动了钟繇书写中的翻为敛，形巧而势纵，看上去如惊鸿舞鹤，难道就改变了横竖的基本运笔法则吗？那些书法名家讥讽以工整专长的馆阁书为上下方整，前后齐平的算子，在沈曾植看来："其实名家之书，又岂出横平竖直之外？推而上之唐碑，推而上之汉隶，亦孰有不平直者。虽六朝碑，虽诸家行草帖，何一不横是横、竖是竖耶？算子指其平排无势耳，识得笔法，便无疑已。永字八法，唐之间阁书师语耳。作字自不能出此范围，然岂能尽？"所以重要的是"势"，也就是前面说的"异体同势"中的"势"。又如沈氏在《明拓急就章跋》里提到的："细玩此书，笔势全注波发。"所以势是通过波发来表现的，同时他更进一步发现："而波发纯是八分笔势，但是唐人八分，非汉人八分耳。"他意识到西汉时期的章草《急就章》里面蚕头雁尾的挑笔波势，经唐人转手再现，已是唐代的波发用笔，表现出来的势就自然不同于汉人的了，由此他还得出这样的结论："然据此可知必为唐人所摹，非宋后所能仿佛也。"这就是从风格上直接涉及版本断代了。

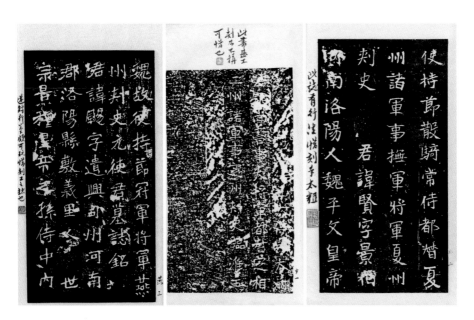

沈曾植关于刻工问题的三则题记
浙江省博物馆藏

在陰嘉和虔淵流芳宮
宇鼛刃循得其壙罄隆
風烈耀与雲楊鴻漸羽
儀
龍騰鳳翔
爨寶子 寐叟

沈曾植临《爨宝子碑》
浙江省博物馆藏

　　至于写铭体，是指书写碑版的书体，在前述汉隶的一种程序化的体态之外，更有刻工的痕迹，沈曾植是比较早注重刻工问题的。刻手优劣一层，阮元和康有为都没有想到，他们认为凡碑皆好，这是有偏见和局限性的。按照沙孟海在《漫谈碑帖刻手问题》一文中提及的："我们再不能用旧眼光单纯地去鉴别其时代性与地区性了。如果看到笔划方峻、戈戟森严，便认为早期或北方的古拙之品，看到笔划细软、圆转自然，便认为后期或南方的嫩近之作，那就太简单了。当然，时代性与地域性肯定是存在的，但刻手优劣关系实在也是一个极重要的因素。旧时代论书，对此点都不曾意识到。"所以沙孟海提出过一句名言："刻手好，东魏时代会出现赵孟頫；刻手不好，《兰亭》也几乎会变成《爨宝子》。"

使持節鎮北將軍雍州

刺史

夫人陳郡殷氏大道

於太中大夫

天蕭魏故侍中司空昌

國宣簡公

北魏昌国县侯王绍墓志

延昌四年（515）闰十月庚子朔廿二日辛酉。志高 70.3 厘米，广 70 厘米。29 行，行 29 字，正书。清末洛阳城北南陈庄村南出土。曾归开封关葆谦、腾冲李根源、苏州古物保存所。抗日战争时石毁。

王绍（492—515），字安宗，小字三归，琅琊临沂（今山东临沂）人。北魏大臣，尚书令王肃之子。官太子洗马、员外常侍、中书侍郎。逝后赠辅国将军、徐州刺史。子王迁袭封。

"结体奥密，而行笔纵宕，邺、洛下无此风，必南人北渡者为之。"

【按语】前例中提到的北方楷书洛阳体，是受了南朝新书风的影响，在洛阳地区的上流社会中流行。这里涉及北朝效仿南朝书风的两次浪潮。

康有为所谓的"钟派盛于南，卫派盛于北"，就是指北魏太和以前的北方书风，是以传卫瓘书学的崔氏旧体书法为主的。在南方，自司马氏南渡建立东晋政权以来，魏晋新书风的中心由洛阳转移到江南。江南的楷法出现了取法钟繇的二王"斜划紧结"的今体楷书，备欹侧之致，风靡朝野，江南的书法由此跨入新妍的"今体"时代。这首先是一次南下。接着，江南的书法随东晋、刘宋的投北南士传入北魏。在拓跋珪称帝之初的皇始元年（396），北魏"初建台省置百官，封拜公侯、将军、刺史、太守，尚书郎以下悉用文人"，以经略中原。天兴元年（398）迁都平城之初，就"模邺、洛、长安之制"，"营宫室，建宗庙，立社稷"。所以再次北上的南朝书风，因了北魏"汉化"的契机由隐而彰。494 年北魏孝文帝以南征的名义迁都洛阳，在"汉化改制"之后的 40 年间，掀起了北朝效仿南朝书风的第一波浪潮。

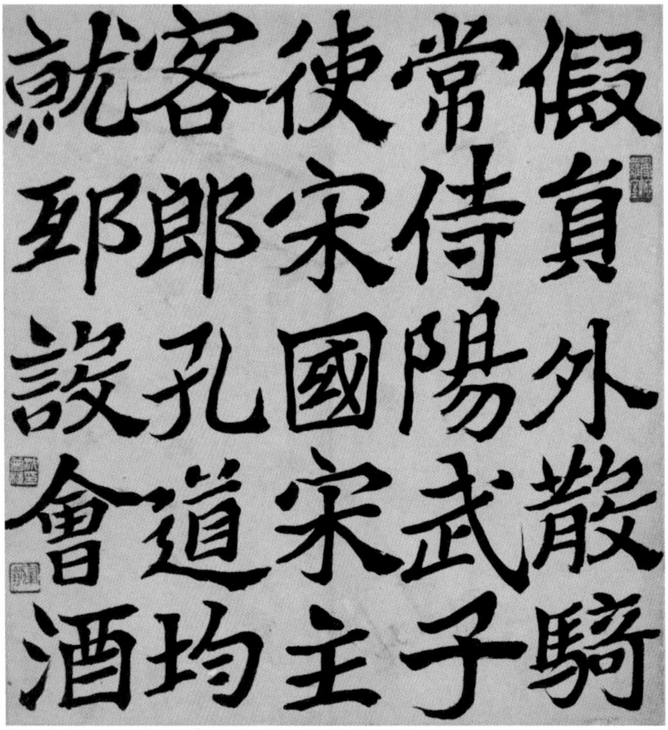

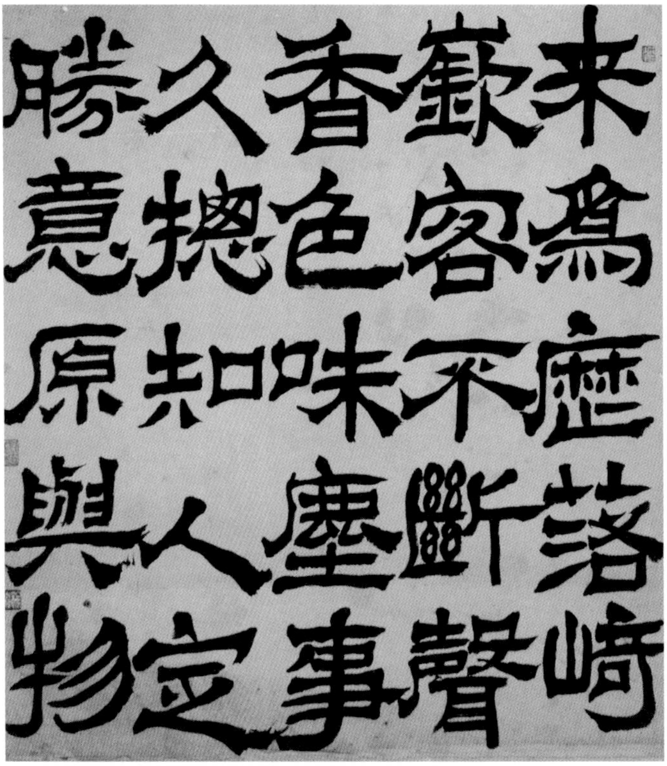

假貟外散騎
常侍陽武子
使宋國宋主
客郎孔道均
就郢詵會酒

来爲廳落崎
嶽客斷聲
香色味事
久摠知人定
滕意原與物

沈曾植楷书、隶书
浙江省博物馆藏

王导的九世孙王褒在西魏末年带着王氏一门28人书迹北上长安，一时"贵游等翕然并学褒书，文深之书，遂被遐弃"。就是说王褒带去的"草隶"新书风对北周书坛产生巨大的震动，当时的名家，比如写《西岳华山神庙碑》的赵文深，也不得不跟着效仿，这就是"王褒入关"带来的北朝效仿南朝书风的第二波浪潮。

王绍的生卒时段处于北魏洛阳时期，据此，我们可以得知沈曾植的批注"必南人北渡者为之"指的是南风北渐的第一次浪潮。

車宣之滇賞皆　一賜束萄祕器及取公　君宿德者勳又追贈輶轅給　宫上以男瘵奉品　不榮柱木

書多行筆北碑至沈与南轅合矣

北魏女尚书王僧男墓志（并盖）

正光二年（521）岁次星纪岳侣无射廿日乙卯。志高 39.5 厘米，广 39.5 厘米。盖 2 行，行 3 字。文 15 行，行 16 字。均正书。1917 年河南洛阳城南石山村东南出土。此墓志曾归武进陶湘。

王僧男（454—521），安定烟阳人，安定太守王觥之孙女，上洛太守王那之女。幼年丧父，六岁入宫。历奉二后六十载，封女尚书。正光二年（521），死于洛阳金墉宫，葬洛阳邙山文昭皇后终宁陵北。

"书多行笔，北碑至此与南帖合矣。"

魏故持中驃騎大

三司尚書令徐州刺史軍後

東平王元君令徐州大將

君諱略字嶲興司州刺史太

陽都鄉照文里人也州河南

靈儀飄飄逸南書之肉景也

北魏徐州刺史太保东平王元略墓志

建义元年（528）岁次戊申七月丙辰朔十八日癸酉。志高65.2厘米，广67.4厘米。34行，行33字，正书。1919年洛阳城北安驾沟村北出土。曾归固始许元、武进陶湘，今存辽宁省博物馆。

元略（486—528），字俊兴，河南洛阳人。北魏宗室大臣，中山王元英第四子，南秦州刺史元诱第四弟。曾投奔南梁，深得萧衍敬重。孝明帝即位后，回归北魏，拜侍中、骠骑大将军、尚书令，领国子祭酒，封东平王。建义元年（528）河阴之变时，为尔朱荣所害，时年四十三。赠本官、太保、司空、徐州刺史，谥号文贞。

"叙次扬历与石传略同，盖传即据志作也。"

"灵隽飘逸，南书之《内景》也。"

【按语】《内景》指《黄庭内景玉经》，它与《黄庭外景玉经》共同组成了《老子黄庭经》，道教养生修仙专著，传由王羲之所书。因王羲之出生于著名的簪缨世家——琅琊王氏，东晋时随氏族南迁，故其书代表南书。后世名家多有临本传世，如智永、欧阳询、虞世南、褚遂良、赵孟頫等，他们都想从中探究王书的面貌真相。

沈曾植在《海日楼札丛》里有一篇《南朝书分三体》，写道："写书为一体，碑碣为一体，简牍为一体。《乐毅》《黄庭》《洛神》《曹娥》《内景》，皆写书体也。传世墨迹，确然可信者，则有陈郑灼所书《仪礼疏》墨迹，绝与《内景》笔锋相近，已开唐人写经之先，而神隽非唐人所及。"此墓志被认为带有王氏写书体，提顿宛转间具有《黄庭经》一般的高度了。

上段（右起）

帖甲

19 明拓黄遊經
白線 小楷墨拓 晉王右軍書 明拓一册 不全
據收賀壽慈揚藏本

黄遊經 明搨殘本

黄庭経

上有黄庭下有關元前有幽
闕後有命門噓吸廬外出入丹田審
能行之可長存黄庭中人衣朱
衣關門壯籥蓋兩扉幽關俠

之高巍巍丹田之中精氣微玉池
清水上 土肥靈根堅志不衰
中池有士服赤朱横下三寸神所居
外相距重閉之神廬之中務
脩治玄廬氣管受精符急固

帖199

下段（右起）

明拓黄遊經
宗翻秘閣本
癸未二月陳錫鈞署首

黄庭経

上有黄庭下有關元前有幽關後有命門噓吸廬外出
入丹田審能行之可長存黄庭中人衣朱衣關門壯籥
蓋兩扉幽關俠之高巍巍丹田之中精氣微玉池清水上
生肥靈根堅志不衰中池有士服赤朱横下三寸神所居
中外相距重閉之神廬之中務脩治玄廬氣管受精符
急固子精以自持宅中有士常衣絳子能見之可不病橫

理長尺約其上子能守之可無恙呼翕廬間以自償保守
兒堅身受慶方寸之中謹蓋藏精神還歸老復壯俠
以幽關流下竟養子玉樹令可杜至道不煩不旁迕
靈臺通天臨中野方寸之中至關下玉房之中神門戶
既是公子教我者明堂四達法海貟真人子丹當我前
三關之間精氣深子欲不死脩崑崙絳宮重樓十二級
宫室之中五采集赤神之子中池立下有長城玄谷邑長

（左側題記）
雪溪梅南宋翻祇関六十四行兩字世九行尺字四十行三尺字呉志諸本重校
此刻心如所說凡九行王字一點尚存忠翁兩稱爲難得者

沈曾植藏《黄庭经》四种
浙江省博物馆藏

大魏故侍中特進

大將軍尚書左僕

州牧司空公鉅平

國侯元君之神

北魏司空公钜平县侯元钦墓志

永安元年（528）十一月甲寅朔二日乙卯。志高 41.3 厘米，广 40.5 厘米。21 行，行 23 字，正书。1920 年洛阳城东北马沟村出土。曾归三原于右任，今存西安碑林博物馆。墓志拓片现藏故宫博物院。初拓本，五行"三坟五典"之"五"字未损。

拓跋钦（469—528），汉名元钦，字思若，河南洛阳人。北魏宗室、大臣，景穆帝拓跋晃之孙，阳平幽王拓跋新成第三子。少好学，早有令誉，累官至中书监、尚书右仆射、仪同三司。坐事免官，遇赦，除司州牧，拜为司空，封钜平县公。建义元年（528）死于河阴之变，赠侍中、太师、太尉、尚书令、骠骑大将军、定州刺史，谥号文懿。

"秀韵近南，波发沿北。"

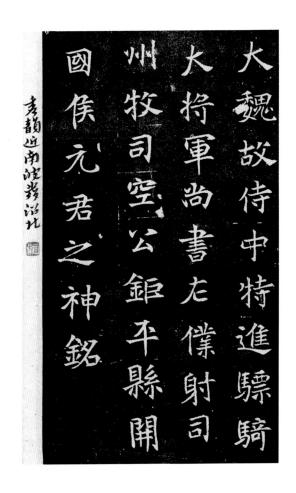

北魏　侯夫人　石夫人　元銓　元颺妻　耿嬪　元颺

司徒公都督定冀瀛滄

州諸軍事驃騎大將軍

州刺史華山

王墓誌銘

收叙波發藜勢少而楷法罗夕多

太暮

阿乃

东魏冀州刺史华山王元鸷墓志

兴和三年（541）十月二十二日。志高 79.5 厘米，广 77.5 厘米。35 行，行 36 字，正书。河北磁县出土。曾归沈阳博物馆。

元鸷（473—541），字孔雀，河南洛阳人。北魏宗室大臣，高凉王拓跋孤重孙。尔朱荣至河阴，杀戮朝士，鸷与荣共登高冢俯而观之，自此后与荣合。除护军将军、京畿大都督，封昌安县开国侯。永安二年（529），随驾北巡，拜散骑常侍、骠骑大将军、开府仪同三司，封华山郡王。兴和三年（541）卒，时年六十有九，追赠假黄钺、侍中、尚书令、司徒公、骠骑大将军、冀州刺史，谥号为武。

"收敛波发，隶势少而楷法多矣。"

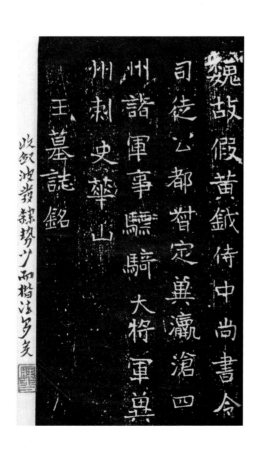

117

隋滕王长子杨厉墓志

　　大业十二年（616）太岁次丙子七月乙卯朔十八日壬申。志高 47.1 厘米，广 46.3 厘米。22 行，行 22 字，正书，河南洛阳出土。曾归三原于右任，今存辽宁省博物馆。

　　杨厉（600—616），字威彦，弘农华阴人。曾祖隋文帝杨坚曾孙，祖滕穆王杨瓒，父滕王杨诜。少时容貌端齐，通情达理，诗书礼仪俱备。待嗣滕王，十七岁英年早逝。大业十二年，葬于东都洛阳北二十余里之零渊乡零渊里。

　　"书道至此，南北一家矣，惜刻工拙耳。"

　　【按语】上述五例出现于北魏后期的洛阳，反映出洛阳体已成为铭石书的一种主要形态。除了碑刻抛弃以往惯用的篆书、隶书而采用楷书题额这一重大的变化外，楷书出现了秀颖峻拔的风格样式，这类以"斜划紧结"为共同特征的新体楷书，楷法遒美新妍，这可从王氏一门的《万岁通天帖》里偏楷书的墨迹中窥其一斑，譬如王羲之的《姨母帖》、王献之的《廿九日帖》、王僧虔的

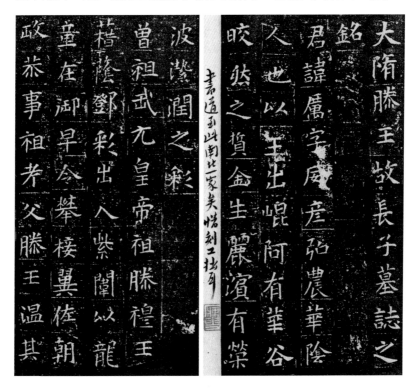

《太子舍人帖》等，此类风格在洛阳一带大量出土的北魏宗室元氏墓志中都能找到连带的呼应，只是石刻类字体更显生拙。加之刻工的原因，上述几例墓志铭与同时期的"龙门二十品"在艺术性上还是有很大差距。

沈曾植在《南朝书分三体》中说："碑碣南北大同，大较于楷法中犹时沿隶法。"就是指上述各批注中提到的，在楷书中既有北方古隶的波发，又带着南方行笔的秀韵，在北魏后期"北碑南帖合矣"。直到隋灭陈，江南书家欧阳询、虞世南北迁仕隋，建康原有的政治、文化地位北移，南朝书法也因此成为主流书风，从此"南北一家矣"，书风再无"南北"之分，只有书家的"南人""北人"之分。这是沈曾植有别于阮元、包世臣和康有为在南北书派上的刻意求异，而主张的"南北会通"，也成为沈氏在书学上的另一个重要观点。

沈氏在《南朝书分三体》的最后提到："简牍为行草之宗，然行草用于写书与用于简牍者，亦自成两体。《急就》为写书体，行法整齐，永师《千文》，实祖其式，率更稍纵，至颠、素大变矣。李怀琳之《绝交书》，孙虔礼《书谱》，皆写书之变体，其源出于《屏风帖》。屏风之书，固不得与卷轴一体也。"王献之曾向父亲建议："古之章草，未能宏逸，今穷伪略之理，极草纵之，不若稿行之间，于往法固殊，大人宜改体。"这里就产生了章草向今草的过渡。沈曾植在《海日楼札丛》中曾对魏晋时期的草书变化做了一个对比："《急就》是古隶章草，《月仪》是八分章草，右军父子则今隶今草也。《急就》止右波，《月仪》左方起处收处皆有作意。"随着这些点波的作意的增减，草书在带有隶书特征的风格下变化。比如像西晋陆机的《平复帖》，人称章草和古草，但与《急就篇》比，波发的章草体势趋淡，与二王甚至拿出王珣的《伯远帖》比，又还没有到流转的今草妍丽。沈曾植跋《王珣帖》云："隶笔分情，剧可与流沙简书相证发，特南渡名家，韵度自异耳。"并由唐窦臮《述书赋》中数语，得出"南北合离，极有会处"之观点。

沈曾植指出王献之彻底改变体势的重点在"展蹙"："草势之变，性在展蹙，展布纵放，大令改体，逸气自豪，蹙缩皴节，以收济放，则率更行草，实师大令而重变之。旭、素奇矫皆从以出，而杨景度为其嫡系。……香光虽服景度，展蹙之秘，犹未会心，及安吴而后拈出。然不溯源率更，本迹仍未合也。偶临

120

令德體備今古以時入覲
凡近惟惺此乃苗穎相尋
奉支百世既誕元子威産
然産楊氏焉長自芳根芿
近蘭菀逢春始播香在風

閒容止粲如越若自得博
琳瑯之器挺梁棟之才恭
儉樞機禮容方瓛堪鶡丹
誠久居仁世佢黄莪蒼然
苗如不實春秋一十有七

未預冠纓弱秊辭世可謂
松筠朝變翠蕚夕改的曘
潛暉荒凉蔽室誰知仁者
監鍾山燼恓氣序之空度
慨聲縈之絶聞豈不辟砕

珠沈麗估用之時樹橇挂
折軍迎春之日時感慕
隋莭傷神風鳥同裏隣垣
共立者也以大業十二秊
歳次丙子七月乙卯朔十

《秘阁》欧帖，用证《千文》，豁然有省。"也就是把紧缩在一起的字形舒展拉开并且上下连贯起来，这自然就脱离了隶书背景。"古隶"和"八分"在沈曾植的理解里，其实是两个分别代表古拙与规范的形容词，他把王羲之"笔法点画简严，不若子敬之狼藉，盖心仪古隶章法"，进一步引申"则欧、虞为楷法之古隶，褚、颜实楷法之八分"。所以当沈曾植临摹欧阳询时，能联想到智永。唐代张旭、怀素的狂草，乃至李怀琳和孙过庭的草书，都是草书一路下来的变体。杨凝式则传承衣钵。沈曾植认为明代董其昌虽然觉得杨凝式好，但未必知其"展蹙"的奥秘，只有包世臣才将其笔法发掘出来，所以"得笔于包安吴"的沈曾植会认为："《画禅室随笔》及《倪家杂记笔法》，为书家之宗门武库；《艺舟双楫》由二书而更上一层者也。"

　　前面提到北魏后期南朝书风的北传，不仅如此，南方的字书《小学篇》也传入了北方。《小学篇》归在王羲之名下，推测此书的书写体式是王羲之的书法面目。颜之推说《小学篇》有"俗行"的"别字"，恐是《急就篇》所没有而只在南方通行的俗体字。根据当时"南妍北质"的书风区别，北魏后期的汉人和鲜卑贵族或多或少也从《小学篇》中取法了南方的书法。传为皇象所书的《急就篇》自西汉起就是蒙学教材，后逐渐为《千字文》等替代，《千字文》的书写者智永已是隋人，他是王羲之的七世孙，沈曾植说他学了《急就》的章草，但也是"二王"后转折流便的今草面貌，重要的是这种南书风格通过识字课本的普及方式进一步在全国范围传播。就如沈曾植在跋《右军章草帖》所云："意巧势密，官帖中殆无此比，然不能无欧、褚之疑。"王羲之的书法美学，就此成为唐代书法的最高标准。

為之如摘蔚如桃葉二種
諸務靡不要也昆歇在
四追之末許不忘志如
半之

臨十七帖

寐叟 [印] [印]

沈曾植草书
临十七帖轴
浙江省博物馆藏

舊拓高湛墓誌銘

将進□中書令

□軍将軍天水太守

德使持節都督冀滄殷

波發穎堅出以余蕭蕉可与惠□雁行

乙卯冬至後
八日曾熙□為
乙盦先生□□

东魏兖州刺史张满墓志（并盖）

天平四年（537）十一月十二日。志高72厘米，广72厘米。盖3行，行3字，篆书。文32行，行33字，正书。河北磁县出土。归沈阳博物馆。

张满（？—537），字华原，南阳西鄂人。天水太守张晖之孙，冀州刺史张德之子。东魏天平四年，于兖州刺史任上卒，葬于兖州城外山陵北。赠侍中、骠骑大将军、恒州刺史、司空公、尚书左仆射。

"波发颖竖，出以含蓄，可与《高湛》雁行。"

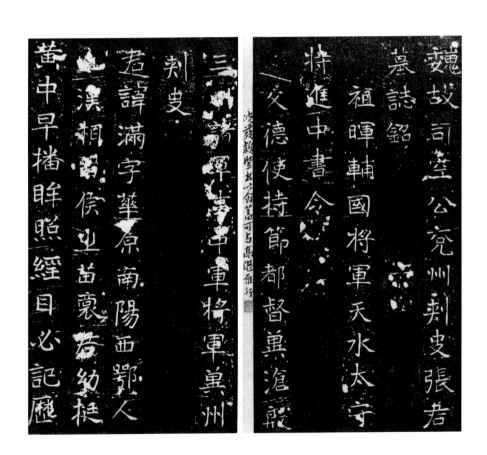

高湛墓志

魏故散侍郎汝陽王

墓誌銘

王諱湛字子沖河南

洛陽人世恭宗景穆

朗润斋高湛

丁三集

东魏散骑侍郎汝阳王元晫墓志

　　武定三年（545）十一月廿九日。志高76厘米，广79厘米。25行，行26字，正书。河北磁县（一说河南安阳）出土。曾归粤中邓氏、吴兴张钧衡。

　　元晫（518—545），汝阳文献王元暹子，以世子袭封汝阳王。东魏武定三年薨。无子。葬于邺城西北十五里武城之阴。

　　"朗润参《高湛》。"

公諡子歟寶

南洛陽人

高沮一家眷廬而結體略踈

东魏太原太守穆子岩墓志

武定八年（550）岁次庚午五月己酉朔十三日辛酉。志高 69.5 厘米，广 69.5 厘米。25 行，行 25 字，正书。1916 年河南安阳出土。曾归安阳金石保存所。

穆子岩（516—550），河南洛阳人，司空、录尚书事、顿丘匡公穆亮之孙，太保、大将军、顿丘文献公穆绍之子。初任给事中转司徒记室参军，改任左将军太原太守，又改任朱衣直阁司徒咨议参军。武定八年在邺城去世，时年三十五岁，葬于邺城西门豹祠堂乡曲。

"亦《高湛》一家眷属，而结体略疏。"

"《魏书》仅称："武定中司徒咨议参军，书其最后官；此题太原太守，书其最高官也。"穆氏多雅材，此志可补史阙。"

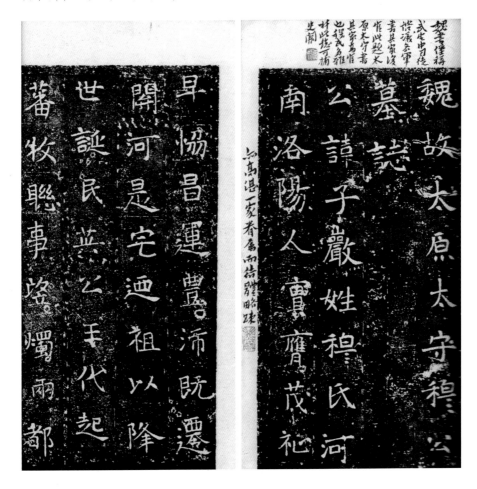

【按语】上述三种墓志中，沈曾植皆提到了《高湛墓志》（见后一种）。此志清人杨守敬在《激素飞清阁评碑记》卷二中评其骨格整练，谓"褚河南似从此出"。康有为的《广艺舟双楫》则将此志与《刁遵墓志》等并举，称："《刁遵》为虚和圆静之宗，《高湛》《刘懿》辅之。"此志曾归德州封大受，与北魏《高庆碑》《高贞碑》齐名，合称"德州三高"。

《高湛墓志》书于东魏孝静帝元象二年（539），不似洛阳体，书写几无画头描角的动作。沈曾植在题记中称"此志颇多圆转处，叙画平，近北碑，峻落反收，旧法稍漓"，并且给北朝书法做了一个分段：最古劲的正光（520—525），即北魏孝明帝元诩的第三个年号；稍平易的天平（534—537），即东魏孝静帝元善见的第一个年号；齐末的风格，则似永徽（650—655），即唐高宗李治的第一个年号，此时"古隶相传之法，无复存矣"。《高湛墓志》正是处于天平以下至齐末之一种，以其"清峭"来比对前三种墓志的波发含蓄与朗润，也能由此看出东魏和北齐书风对隋唐楷书的影响很大。

此志頗多圓轉處敘畫平近北碑峻落反收舊法稍隔矣大抵

北朝書法亦是因時變易正先從前為一種寬古勁天□□以下為一
　稍平易

種齋宋為一種風格視永微相上下古隸相傳之法無隆存矣間

中書體捌撲頗惜字文一代傳石無多耳　　此志舊拓極清峭

頗二娘得此拓極精並字畫向乞稍漫德矣光緒己丑長夏可

當涉齋題

东魏齐州刺史高湛墓志

　　元象二年（539）十月十七日。志高 54.8 厘米，广 54.8 厘米。25 行，行 27 字，正书。清乾隆十四年（1749）山东德州卫第三屯出土。全称《魏故假节督齐州诸军辅国将军齐州刺史高公墓志铭》，与北魏《高庆碑》《高贞碑》齐名，合称"德州三高"。曾归德州封大受、吴县陶氏。初出土拓本，首行"魏"字未泐。二行"君"字、三行"风"字皆无石泐痕。四行"管"字左上不损。次则二行"芳德遐流"之"遐流"二字未泐。稍旧拓本六行"云"字、八行"史"字皆完好。拓本今存中国国家图书馆。

　　浙博藏沈氏本封面由谢凤孙题签，扉页有曾熙于乙卯年（1915）的隶书题签。

　　高湛（496-538），字子澄，渤海蓨县（今河北景县）人。北魏到东魏时期将领，司徒高肇之子。东魏元象元年卒，年四十三。追赠使持节、辅国将军、齐州刺史。著有《养生论》、诗作《过戚姬苑》传世。

　　"此志颇多圆转处，叙画平，近北碑，峻落反收，旧法稍漓矣。大抵北朝书法，亦是因时变易，正光以前为一种，最古劲；天平以下为一种，稍平易；齐末为一种，风格视永徽相上下，古隶相传之法，无复存矣。关中书体独朴质，惜宇文一代，传石无多耳。此志旧拓极清峭，颇亦艰得。此拓极精，然字画间已稍漫漶矣。光绪己丑长夏，可常法斋题。"

嶷
永山隨玉
業痛桂
吳
離長

齊故假散□□府州諸軍事
朝□將軍商州刺史昌公
墓誌銘
君諱湛字子澄勃海派人
也靈根遠秀啓慶北於渭

八芳德□宣大纛於東
海作範百王垂聲萬古者
美故清公勢重鄭伯捐師
光鄉僑襲管仲辭禮皆所
以讓柘推賢遠明風軌祖

冀州刺史勃海公文貽武
烈逢閒中夏惠沾朝野愛
結周行孝侍中尚書令司
徒公英風秀逸儁氣雲馳
剝顧帝鄉威流字縣君稟

慶緒於綿基抱餘瀾於海
澳幼尚端凝長好文雅非
道弗親惟德是与道遙儒
素之間慕申穆之遺風俳
佪文史之際追牧馬之逸

刁遵墓志　舊拓未泐本

伯曾祖讚魏雍州刺史河
之遺英侍中榮十二世之
趄而遁煥漢故大將軍恂
也肇祚光扶有周文明綿

此河东李仲璇　當時通行业體乃知張神囧惠

北魏郡中正寇偘墓志（并盖）

孝昌二年（526）十二月廿六日。志高31厘米，广32.5厘米。盖3行，行3字。文15行，行14字。均正书。1920年洛阳拦驾沟北陵出土。曾归德化李氏。

寇偘（496—526），字尊乐，上谷昌平人。魏雍州刺史寇赞曾孙。曾任舞阴太守。孝昌二年卒，年三十一。

"此亦可参《李仲璇》，当时通行此体，乃知《张神冏（张猛龙）》《刁惠公（刁遵）》真大书家笔。"

崇峯架嶺峻學□鳳城
長源浩汗啓洪濤於光紀
爰茲丕緒齊世重離謝金
曳組之纂駢鑣南鶠和風

譽□□□弓矍相之門間
道西河之館藝興六德學
盡琴書擊□攪繹之術談
天鍾素之能臺弧騁騎之

渫鼎之貴聲藝三輔君稟
黃□之妙韻資南陌之嶺
祥越自緷縱載誕烈岐之

功神機警悟之略莫不籠
罩武文陵輦憑芟者也若
乃蕭穆德音丹邑歎其忙
循身踐言多義稱典信器

东魏伏波将军诸冶令侯海墓志（并盖）

　　武定二年（544）岁次玄枵十月十日。志高 54.5 厘米，广 54.5 厘米。盖 3 行，行 3 字，篆书。文 21 行，行 22 字，正书。河北磁县出土，曾归沈阳博物馆。

　　侯海（？—544），字景海，上谷居庸人。除诸冶令，封伏波将军。

　　"此志可与《李仲璇》相印证。"

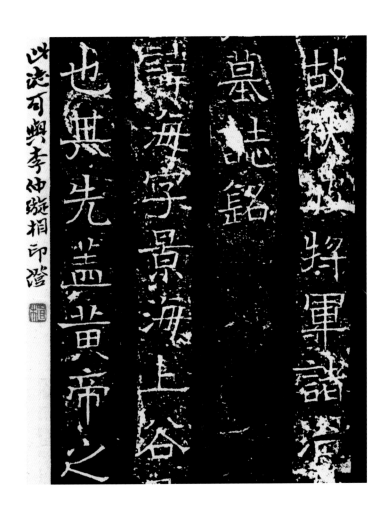

东魏李仲璇修孔子庙碑

兴和三年（541）刻。志高 213.6 厘米，广 83.3 厘米。碑阳 25 行，行 51 字，正书。碑额篆书"鲁孔子庙之碑"，碑文记兖州刺史李仲璇修缮孔庙颓墙，复塑孔子像，且为孔门十贤立像事。碑现存山东曲阜孔庙。《石墨镌华》称："碑正书，时作篆笔，间以分隶，形容奇怪。"

魏魯郡太
守張府君
清頌之碑

北魏张猛龙碑

明孝帝正光三年（522）正月立。碑高 280 厘米，广 123 厘米。碑额高 44 厘米，宽 40 厘米。碑阳 26 行，行 46 字。均正书。碑阴刻立碑官吏名计 10 列。碑文记颂魏鲁郡太守张猛龙兴办学校的功绩。碑石在山东曲阜孔庙。全称《鲁郡太守张府君清颂碑》。

其书法被评价为"正法虬已开欧虞之门户"，为正体变态之宗，"如周公制礼，事事皆美善"，被誉为"魏碑第一"。

【按语】沈曾植《海日楼题跋》中关于《张猛龙碑》有多处记载：

"昔尝谓南朝碑碣罕传，由北碑拟之，则《龙藏》近右军，《清颂》近大令。盖一则纯和萧远，运用师中郎，而全泯其迹，品格在《黄庭》《乐毅》之间；一则顿宕激昂，锋距出梁鹄，而益饰以文，构法于《洛神》不异也。近反复此颂，乃觉于《乐毅》亦非别派，《官奴》书付授受，初觉子敬本出《乐毅》，则学子敬而似《乐毅》，为不仅虎贲中郎之肖可知也。"

"此碑风力危峭，奄有钟、梁胜境，而终幅不杂一分笔，与北碑他刻纵意抒写者不同。书人名氏虽湮，度其下笔之时，固自有斟酌古今意度。此直当为由分入楷第一巨制，拟之分家，则中郎《石经》已。碑字大小略殊，当于大处观其轩豁，小处识其沉至。"

"《张君清颂》，在北朝诸石刻中最先著称，结体亦难拟。以包、吴二君之精诣，能摩《刁惠公》《郑文公》之争垒，于此颂未敢措手也。近日张濂亭翁悬腕中锋，独标玄旨，其构法乃颇有于此颂为近者。仆常以此颂在北碑中正如唐碑之有《醴泉铭》，翁晚岁深推欧楷，意所见亦有相涉者欤？光绪辛卯清明日，腹疾不出，偶检此册，以校借得南中覆刻本，因题记于后。"

"光绪中叶，学者始重《张猛龙》，然学如牛毛，成无麟角。北碑惟此骨韵俱高，敛分入篆，信本晚岁瓣香，殆皆在此。《醴泉》韵近而度不和，《化度》骨近而气不雄，信乎绝诣不可几也。"

魏故使
持節都督
僊玄冤督
協尚書
州高祖洛豫

舊拓刁惠公志第四本 廣道意齋藏

乾隆拓本

己丑記

舊拓刁惠公志 光緒壬辰五月 滬宣署

北魏雍州刺史刁遵墓志（并阴）

　　熙平二年（517）岁次丁酉十月己丑朔九日丁酉。志高 74 厘米，广 64.2 厘米。文 28 行，行 33 字。阴据桂馥藏本残存 21 行，行 32 字。均正书。清雍正年间河北南皮废寺（一说在山东广饶）出土。其一角已残缺。曾归乐陵刘克纶、盐山叶氏、南皮高氏、南皮张之洞，今存山东省博物馆，是北魏墓志的重要代表作。清叶昌炽《语石》称："北朝墓志《刁惠公》第一。"包世臣评其《刁惠公志》最茂密。予尤爱其取势排宕，结体庄和。一波碟，一起落，处处含蓄，耐人寻味，不曾此中问津者，不知也。"康有为的《广艺舟双楫》把此志列为精品，评曰："《刁遵志》如西湖之水，以秀美名寰中。"

　　初拓本六行"父雍"之"雍"字但有线纹，未损字刻。有重刻本"公讳遵"之"遵"字捺笔呆滞。浙博藏沈氏本乃"彝"字未泐本的乾隆拓本，沙孟海补题封面。

　　刁遵（441—516），北魏大臣，冀州刺史刁雍第二子。承袭东安郡侯，出为魏郡太守，还太尉咨议参军，迁司农少卿，拜龙骧将军、洛州刺史。熙平元年卒，年七十六，赠平东将军、兖州刺史，谥号为惠。

　　【按语】北魏后期，传习洛阳体楷法已经蔚然成风，各地的碑志、造像记上的楷书，都与元氏墓志的楷书同调，比如山东出土的《张猛龙碑》（522），河北出土的《刁遵墓志》（517）、《崔敬邕墓志》（517）等。沈曾植在前述的北魏《寇偘》跋、《张猛龙碑》跋，以及下面将要提到的《崔敬邕墓志》和《敬使君碑》跋上，共有四处提及《刁遵墓志》。沈曾植一生挚爱此碑，以刁志之风格衡量其他六朝碑版，认为《刁遵墓志》《张猛龙碑》《敬使君碑》三者为北碑楷法之大宗，可证《兰亭》《黄庭》，可开欧法、褚法。沈曾植与陶濬宣皆在此本中题跋引张廷济言："张叔未云，宋拓定武《兰亭》笔意与《刁遵志》绝相似。"

　　沈曾植己丑年题"《旧拓刁惠公志》第四本"，可见他所藏当不止一本。国家图书馆藏有沈曾植同在己丑年跋的"父""庸"未泐初拓割裱本。

張林末云宋拓定武蘭亭筆意与刁遵志絕相似

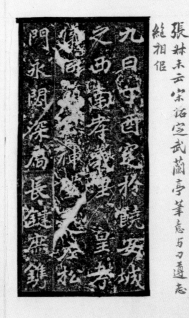

石於下壤仰誌意於幽
泉其神曰
彼彼縣貫帝僮之亂驛
代貞賢自唐暨晉明哲

九日中酉寬於饒安城
之西南守義里皇寺
門永閟深扃長鍵無鑰

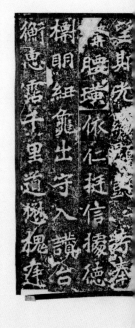

第四弟獻奉

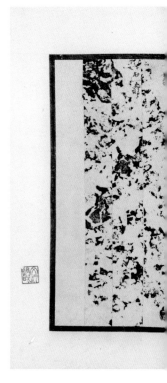

146

決興忠胤縱□物徒發雲
右從楊岳鎮統鯨鯢興老
金曆道世於昭我

名徐□□□□□□□□□
□名之而易之□□□探吾陰也
乙酉

南皮藏故家藏完本刀志右下角尚未闕鞾手金治
咸豐間寇入其舍他無所取獨此帖之矣此中發闕諸
長陽國者□□之人興開

德羊心昌礬刊泉石子
衝染屆一夫人同郡
萬氏父兄侍中中書
盥司空成陽文公

長兄墓奉宗昂已
妻河內司馬昂已
世子昂已

碑陰是後拓補入紙墨皆異且校道先闕乐拓
少十餘字是明澄也大凡舊拓皆無陰

昂亡

金石苹編云石今在南皮晶氏苹編咸書於嘉慶乙丙蓋是時尼
由劉氏轉石高氏多見嘉道間本無劉氏墨訊留田高氏亏之
也道光丙戌又有岳鍾雨歧木刻附缺角陰□中見

決王平渤海劉覞緰王□戲
緘
光緒十有八年夏五月段觀自曰張坼末云
宋拓定武蘭亭與此志絕筆意相似
予見宋拓秘閣本十三行直是張君清
頃閱者當宗河漢孕言當宣

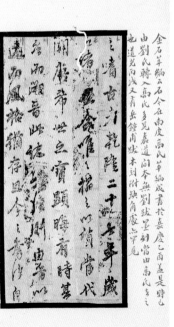

□清吉六乾隆二十姬六年歲
王肅□□□唯緰之四帽當代
闊磨希世兵寶顯睨蒲時蓴
晉和湖晉唯徒□□闊臭舊□此
遂而鳳榕欂存□人□三乗沙自

南宇上尚有是河三字泉失之卿守上有有復三字今失其郵中山壯武
王英拓本守上二字北宇守元阙故狀宋夕遊嫗先闕宜宴
地嘹忘中山王之劉英與跋英云是中山王武
頃闊者特婦嫗曰德傳石

上图截取自林辛勤先生《南北关通初启绪　海日遗珠有奇芒》一文中提及的沈曾植与友人从《刁遵墓志》中对"南北会通"的体悟与讨论。沈曾植在光绪己丑季春（1889）为《刁遵墓志》跋云："……碐秋农部（袁昶）借观此本，转以相示，留斋中三日，涣然有见于南北关通之绪。信陈海宁、包安吴所论不虚。"

他的好友袁昶识、张謇书《刁遵墓志》跋文云："北碑书势源出八分，多一往峻急，独此石与崔敬邕墓志，虚和遒丽，婉而多姿，乃融入草隶南法，与萧梁贝义渊书憺秀诸碑，意脉相通。试问南北宗趣，有以异乎？无以异也。所谓斟酌于庯峻之间者，此其职志耶。竹汀钱先生谓，刁志首列祖父三世衔讳似行状式，崔志亦然，二石未必出一撰人手，盖当时墓志铭体裁应尔也。"

148

北魏营州刺史临青男崔敬邕墓志

熙平二年（517）十一月廿一日。25行，行29字，正书。全称《魏故持节龙骧将军督营州诸军事营州刺史征虏将军大中大夫临青男崔公之墓志铭》。

清康熙十八年（1679）河北安平山出土。康熙三十年县令陈宗石砌入县学乡贤祠。久佚。传世拓本极稀。有重刻本，石花呆滞，易辨。上海图书馆和南京博物院有拓本收藏。

崔敬邕，博陵安平人。北魏永平（508—512）初持节营州刺史，延昌四年（515）征为征虏将军、大中大夫，熙平二年卒，赠左将军济洲刺史。

【按语】沈曾植在《海日楼题跋》卷二中记载《崔敬邕墓志跋》：

"此志用笔略近《李超》，尚不及《刁惠公》之茂密。惜原本不可得见，无以确定之。"

东魏敬使君碑

兴和二年（540）。碑高六尺八寸，宽三尺五寸，文共 26 行，满行 51 字，正书。清乾隆三年（1738）出土，现存河南长葛。是碑为颂扬北齐仆射永安侯敬使君显俊营造神静寺的功德而立。又名《敬显隽修神静寺碑》《禅静寺刹前铭》《敬使君显俊碑》，全称《禅静寺刹前铭敬使君之碑》。

【按语】沈曾植在《海日楼题跋》中对《敬使君碑》有两处记载：

"此碑运锋结字，剧有与定武《兰亭》可相证发者。东魏书人，始变隶风，渐传南法……此碑不独可证《兰亭》，亦可证《黄庭》，倦游翁（包世臣）楷法，胎源于是。门下诸公，乃竟无敢问津者，得非门庭峻绝，不可轻犯耶？……笔锋迅利，碑阴弥胜正碑，固知书者于正碑意取凝重，碑阴且微参行笔也。……寻其出入缓急之踪，乃与定武《兰亭》颇资印证。固知江左风流，东魏浸淫最早也。"

"北碑楷法，当以《刁惠公志》《张猛龙碑》及此铭为大宗。《刁志》近大王，《张碑》近小王，此铭则内撅外拓，藏锋抽颖，兼用而时出之，中有可证《兰亭》（定武）者，可证《黄庭》（秘阁）者，可证《淳化》所刻山涛、庾亮诸人书者，有开欧法者，有开褚法者。盖南北会通，隶楷裁制，古今嬗变，胥在于此。而巅崖峻绝，无路可跻，惟安吴正楷，略能仿佛其波发。仪征而下，莫敢措手。每展此帖，辄为沉思数日。"

沈曾植在给门生谢凤孙的信中曾指出："吾尝以阁下善学古人为不可及。今忽曰以临古为大病，此说何耶？来屏有使转而无点画，即使转亦单薄寡味，如此便是自寻堕落矣，如何？米元章终身不离临摹，褚公亦然，上至庾亮、谢安石，亦有拟法。鄙人临纸，一字无来历，便觉杌陧不安也。"

建立在知古前提下的习古，如后人胡小石评价："前不同于古人，自古人而来，而能发展古人；后不同于来者，向来者去，而能启迪来者。"

在沈曾植的批注中，涉及艺术鉴赏性质的评论是占了绝大多数的，注重金石考证中的书法玩味已经在乾嘉后期成为一股文化清流。沈氏的跋语留心书法的演变，类似翁方纲题黄易藏《汉故凉州刺史魏君之碑》云："是碑朴质苍劲，微似《张迁碑》而加之流逸，又间出以参差错落之致，汉隶能品也。后题四行竟类《韩敕礼器碑》而又有下开唐隶处。"对风格的异同就是在不断的比较之中增加认识的，这既需要审美感知的敏锐，更需要对大量材料的熟悉。

金蓉镜云："即以八法言之，精湛淹有南北碑之胜，自伯英、季度、稿隶、丛冢吉石，无不入其奥窔。有清三百年中，无与比偶，刘文清且不论，即完白、蝯叟为蝶扁书，驰骤南北，雄跨艺苑，亦当俯首。晚年应接品流，长大卷，流而益雄。散落海上，如次仲一翻，山川为之低昂，可以知其书学之大概矣。"

王蘧常云："师之书法，雄奇万变，实由读破万卷而来。所以予先论师之学问，然后再及于书，后之学先生书者，其在斯乎。"

此二人的说法则贴切地描述了沈曾植的书法成就以及形成缘由。

沈曾植临魏郑道昭碑
浙江省博物馆藏

沈曾植临张迁碑
浙江省博物馆藏

沈曾植藏有四十余种版本各异的《兰亭序》，这是其碑帖收藏体系中的一个大类也是一个亮点。除了以下重点介绍的十四种，亦有"鼎帖覆定武本"、"东阳本"（数册）、"国学本"、"明覆定武本"、"代州冯氏覆定武本"、"荥阳潘氏摹刻定武《兰亭》两种"、"清秘堂本"、"乌镇王氏本"、"郎氏覆米临本"、"黄一鸥覆东阳本"、"渤海藏真本"、"张金界奴本"、"天一阁神龙本"、"丰坊临本"、"开皇本"、"领字从山会字全本"、"覆程孟阳本"、"褚临本"（数册）、"褚模领字从山鉴损本"、"元代刻陆继善本"、"赵临《兰亭叙》快雪堂本"、"明拓米临文跋本"等等，不复一一。明代续宋人《兰亭》刻拓之余绪，各类旧石新刻不断涌现出世，拓本品种之繁多，蔚为大观，使之成为一种文化现象，这其中涉及的研究则更为千头万绪，不可究诘。

　　追溯沈曾植的书学时代背景，不能不从清代早中期说起，是翁方纲与黄易将乾嘉以来金石学在考据上的研究逐渐转移到书画上，开始了对金石鉴赏的关注，此种趣味因为需要大量不同风格的金石资料作为基础案例，故而进一步推动了对金石资料的搜集和整理。然而当时的主流意识依旧还是重史不重书。

　　相对而言，到了阮元，撰成《积古斋钟鼎彝器款识》，从书法的流变中，对湮没在王书后面大量魏晋南北朝碑刻书法开始重视。更重要的是他通过三十四岁编辑《山左金石志》和四十二岁前后编辑《两浙金石志》这两部书，详查南北金石风格，由考证而入义理，写成了《南北书派论》这样一篇由金石考证书法的文章。主要说明了因唐太宗推崇并由虞世南传承的阁帖已不是王书真面目，唐初的欧阳询、褚遂良，是唐前古法传承的主要继承者，而完整的古代笔法正是保存于北碑中。

　　再往后，到了包世臣，虽然继承阮元倡扬北碑，但在实践上却延续邓石如的理论和方法，继续走以新的笔墨方法和王书相结合的创作道路。阮元是越老越肯定北碑而以《兰亭》为伪，而包世臣揭示北碑笔法，却越老越学王书，特

别是他写的《艺舟双楫》在揭示笔法笔势技巧的同时过于夸大技巧的作用，对他后面的学生比如吴让之、赵之谦、沈曾植、黄宾虹等，都影响深远，甚至包括与他风格迥异的沈尹默。至康有为一出，尊碑抑帖一说趋于顶点，他的《广艺舟双楫》即是受到了沈曾植的指导。

清代的《兰亭》热，由阮元书论对王书体系的摧毁和包世臣对碑学体系的建立而发生，到同光年间，康有为对《安吴论书》的进一步大肆传播，越是对北碑笔法的提倡，越是催生了对《兰亭序》各种版本的收集热潮，出现了极力维护和全盘否定的两类意见。通过整理识读沈藏《兰亭》拓本册页中的题跋批校可以拾得沈氏的点滴书学思想。

永和九年歲在癸丑暮春之初
會于稽山陰之蘭亭脩稧事
也群賢畢至少長咸集此地
有峻領茂林脩竹又有清流
激湍暎帶左右引以為流觴
曲水列坐其次雖無絲竹管絃
之盛一觴一詠亦足以暢敘幽情
是日也天朗氣清惠風和暢仰
觀宇宙之大俯察品類之盛
所以遊目騁懷足以極視聽
之娛信可樂也夫人之相與俯仰
一世或取諸懷抱悟言一室之內
或因寄所託放浪形骸之外雖
趣舍萬殊靜躁不同當其欣
於所遇暫得於己快然自足

不知老之將至及其所之既惓情
隨事遷感慨係之矣向之所欣
俛仰之間以為陳迹猶不
能不以之興懷況脩短隨化終
期於盡古人云死生亦大矣豈
不痛哉每攬昔人興感之由
若合一契未嘗不臨文嗟悼不
能喻之於懷固知一死生為虛
誕齊彭殤為妄作後之視今
亦猶今之視昔悲夫故列
敘時人錄其所述雖世殊事
異所以興懷其致一也後之攬
者亦將有感於斯文

旧拓《兰亭》会字不全本

【按语】会字不全本属于定武《兰亭》系统。定武《兰亭》，传为欧阳询临本摹刻。此条题记可见沈曾植对晋人书法经过六朝演变由唐人及宋人不同呈现的认识，是比较深刻的。东阳本是明以后出现的定武系统本，沈曾植藏有多本，且在其中一本中跋："为平生所仅见。裂处纵横若梅枝，将无宋世所称梅花本耶？李乡农记。丁巳秋夕，偶临一过，审其结体长短纾促，的是初唐体性。学者奖此仞定，未尝不可由唐溯晋。若仞为王法，则十重铁步障间隔眼识矣。"这便是对上述认识的一个说明。但沈曾植惊叹道："莫非是宋世所称的梅花本？"即将东阳本误认为是宋代三段石本《兰亭》，也就是梅花本。

仲弢极爱此帖，谓其圆转而具足，侧势有六朝法，非明代书家意想所及。墨气深蔚，定为宋拓佳本。余笑曰：六朝法，亦非宋人所及也。仲弢谓君太谦屈此帖。追记此言，不胜悼叹。

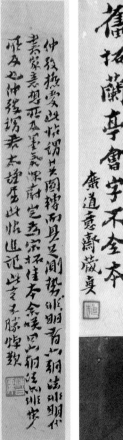

"《临河叙》在今日欧模诸本，自以东阳为首，关中次之，国学轻靡，上党疏弱，远不逮也！此第三本，盖关中本差旧者，犹可览观，与俗间常行本不同也！"

"第二本即《兰亭考》称程孟阳本也。孟阳本有国朝覆刻，校此大致相同。十四至十九行大裂文，则彼本所无也！孟阳原本拓盖在先，故覆本清朗，不若此之漫漶。丁未岁夏至后二日校记，寐叟。"

"关中本的是旧拓，未谷藏本，似尚略逊。孟阳本是前代旧拓，校以某氏覆本，此为原石不疑。"

旧拓《兰亭》三种

【按语】常熟师即沈曾植的座师翁同龢。翁师精研书法，喜收藏，钟情于《兰亭》的版本研究，经常邀请沈曾植、李慈铭、陶濬宣等人到他家观赏书画碑版，尽艺事之雅。沈氏的诸多帖学认识来自于他。王连起先生在《〈兰亭序〉重要传本简说》一文中这样说："定武本明代及以后，又陆续出现了一些翻刻本，如王晓本、东阳本、国学本、上党本等，各有说法。……晚清一些考据家，尽管学问很好，然而见帖甚少，鉴别更谈不上。今天看来，虽然当地乃至著述都有不少传说以证其宝贵，但实际上都是翻刻，而且有些是水平不甚高明的翻刻。"

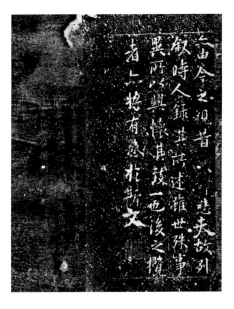 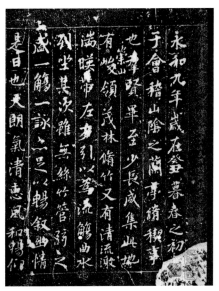

"此刻本皴剥而甚有意，亦是五字损本，而自十三行至廿一行之裂文乃各定武本所无，或竟是旧石未可知也！察其后半漫漶，石理上似搨损，非刻时有意为之者。"

"光绪壬辰（1892）于常熟师处得见越中石氏所刻诸帖，其中《兰亭》即此本。"

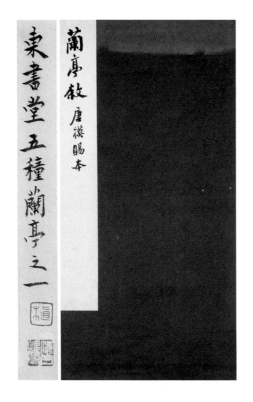

《兰亭叙》唐模赐本

【按语】除了定武系统皆谓之欧，唐人临摹本的上石本则基本上都归为褚遂良本。但题记中却反映出沈曾植认为"此本独楷正，近定武"。在考据上记录了桂馥所集《兰亭》中的"会字全本"，桂馥勘字校笔，以证其与定武相异。沈氏因自己这本与桂氏那本字画行款甚相似，故录之。其中提到桂氏考自己所收"会字全本"为开皇本，不知道是他在跋的时候写错还是沈曾植在誊抄的时候笔误，"开皇十二年"应为"开皇十三年"，且是清朱彝尊所跋潘氏本；"开皇十八年二月"应为"开皇十八年三月"，且是董其昌跋高鸿胪藏本。此两本都是伪作。桂氏有此认识说明对"开皇《兰亭》"的版本序列是清楚的，至于他说他的"会字全本"与定武的"五字未损本"无异，评价如此之高，我们无从取证。反过来看沈曾植，对桂氏之说头次听闻，则显得对版本考证并不太熟悉。他所看中的，也许正是桂氏对此本"笔势传神"的赞美，并能将自己这本的相似性来与之沾誉，也说明了他内心对此本在书法艺术性上的肯定。

永和九年歲在癸丑暮春之初會
于會稽山陰之蘭亭脩禊事
也羣賢畢至少長咸集此地
有峻領茂林脩竹又有清流激

湍暎帶左右引以為流觴曲水
列坐其次雖無絲竹管弦之
盛一觴一詠亦足以暢叙幽情
是日也天朗氣清惠風和暢仰
觀宇宙之大俯察品類之盛

期於盡古人云死生亦大矣豈
不痛哉每攬昔人興感之由
若合一契未嘗不臨文嗟悼不
能喻之於懷固知一死生為虛
誕齊彭殤為妄作後之視今

由今之視昔悲夫故列
叙時人錄其所述雖世殊事
異所以興懷其致一也後之攬
者亦將有感於斯文

"桂未谷所集《兰亭》中，有会字全本，其跋云：此宋翻宋拓开皇本也。其笔势传神，遒逸劲挺，悉与定武本不异。故唐文皇见开皇石刻而思定武真迹也。前辈多以此为定武骞、异、僧押缝本，未深考耳！然其与定武异者，首行会字完善，尚未缺角，崇字山下止有一点，不惟五字未损，即九字亦尚未损，此数者皆与定武不同也。其实隋开皇石刻古本有满骞、朱异、王僧虔诸公署名押缝处，而无开皇十二年岁次壬子十月勒石高颎监刻等字，亦无开皇十八年二月二十日勒石等字，有此者皆后人妄增耳。桂氏之说如此，不知何据。其帖则旧拓，而字画行款与此本甚相似，故录诸此。"

　　"唐模《褉帖》传本虽多，大抵皆神龙支裔，此本独楷正，近定武，不知周宪王所据何本。明杨嘉茅氏《兰亭》跋称，仁庙监国时学士王称进唐摹《兰亭》，尝旨命刻石大本堂拓以赐群下，遂岂此刻所祖耶！"

唐摸褉帖傳本雖多大抵皆神龍支裔此本獨楷正近定武不知周憲王所據何本明楊嘉祚芧氏蘭亭跋稱仁廟監國時學士王偁進唐摹蘭亭嘗旨命刻石大本堂摸以賜羣下遂豈此刻所祖耶

桂未谷所藏蘭亭中有會字全本其跋云此宗翻

宋拓開皇本也其筆勢傳神遒逸勁挺悲與定

武本下異故唐文皇見開皇石刻而思定武真

然也前筆多以此為定武籌異僧押縫本未

深改耳然其與定武異者首行會字完善尚末缺

角棠字此下已有一顆不惟五字末損即九字亦尚末

損此籔者皆與定武不同也其真是隨開皇石刻古

本有滿籌朱異王僧虔諸公署名押縫處而無

開皇十二年歲次壬子十月勒石高頻監刻等字尚

開皇十八年二月三十日勒石等字有此者皆後人妄

增耳桂民之說如此不知何據其帖則舊拓兩字

畫行欵与此本甚相似故錄諸此

明拓褚临本《兰亭叙》

【按语】此《兰亭序》国学本与褚临本二种，沈曾植于壬寅年七月从尊汉阁处购得。褚临《兰亭》，书法风格很近于宋代的米芾，后有米芾诗题真迹，也被人认为是米临本，此后的很多古摹本被说成褚摹褚临，都同米芾的评论记载有关。沈曾植藏《兰亭》以证版本源流的，就有"明拓褚临《兰亭》"与"玉枕《兰亭》"。此中沈氏表达了对原桂馥藏褚摹缺角《兰亭》本的怀疑。

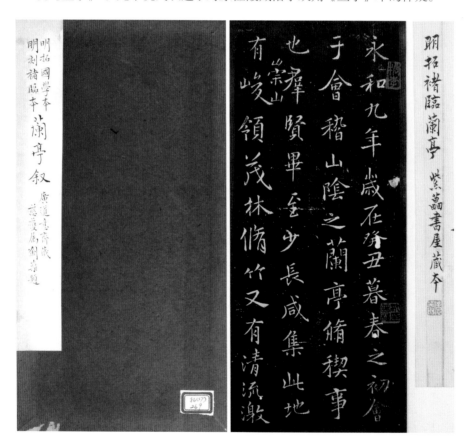

"胡文焕《古今碑帖考》：褚临《兰亭帖》，石在苏州文氏。文氏又有缺角《兰亭帖》，皆出于《停云集帖》外者。缺角《兰亭》，余尝得之，为重摹定武本，褚摹则此刻是也。同曹章赟庵所收桂未谷集百种《兰亭》内有此种，题曰停云刻，对勘乃似非一石。彼本后有黄文献、虞文靖、祝希哲跋各一。而徵仲跋为十一行，然字形结构，略无少异，不似重书。《兰亭》刻桂本较肥，徵仲跋此本较清峭，具笔意。两本皆明刻，竟无由定其孰先孰后也？"

胡文煥古今碑帖攷褚臨蘭亭帖石在
蘇州文氏又有缺角蘭亭帖皆出於
停雲集帖外者缺角蘭亭余嘗得之
為重摹定武本褚摹則此刻是之同
曹章贇庵所收桂未谷集百種蘭
亭内有此種題曰停雲刻對勘乃似
非一石彼本後有黄文獻虞文靖祝
希哲跋各一而徵仲跋為十一行然字
形結構略無少異不似重書蘭亭刻
桂本較肥徵仲跋此本較清峭具
筆意兩本皆明刻竟無由定其孰
先孰後也

玉枕《兰亭》

【按语】明代王祎在《跋玉枕兰亭帖》中认为玉枕本唐时便有，褚遂良或欧阳询将《兰亭序》缩小临摹为之。然《浙江通志》载元孔齐《至正直记》曰："小字《兰亭》南渡前未之有也，贾秋壑得一石枕光莹可爱，贾意欲刻《兰亭》，人皆难之。忽一镌者云：'吾能蹙其字法缩成小本，体制规模当令具在。'贾甚喜，既成，果宛如定武本而小耳。缺损处皆全，亦神手也。今所传于世者，又此刻之诸孙也。世亦称玉枕《兰亭》云。"此说符合玉枕本是南宋贾似道门客廖莹中缩小的定武本。沈曾植于册页正文前一开与最后一开分别抄录吴云两雷轩尺牍以及汪珂玉对玉枕《兰亭》的多个版本及相互区别的梳理，对此本的书法艺术则没有评论。

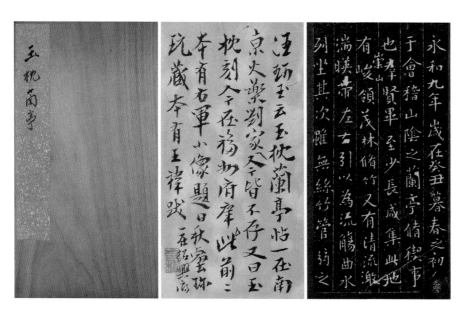

"汪珂玉云：玉枕兰亭帖，一在南京火药刘家，今皆不存。又曰：玉枕刻今在福州府庠，此前二本有右军小像，题曰'秋壑珍玩'，藏本有王祎跋。"

　　"玉枕《兰亭》前有右军坐执书卷小像者，其石乱来，在杭州汪姓家，一老妇守之，欲售五百金为养老资，无购者，乱后不可踪迹矣。旧传石入内府，盖因玉本《十三行》而传讹。翻刻有五本，海宁蒋生沐、上海徐紫珊两本最能乱真。蒋本属胡衣谷刻，其子曰心农，家上海，石尚在胡家。徐本属吴中詹紫云刻，后归云处制为小屏，与钟绍京书《维摩经》残石同陈几案。苏城陷，均失之矣！徐本押缝字作曾上下有钢钉纹四，第一行会字阙，二行兰，三行群字、地字，五行带、右、流三字，九行盛字，十行游字，均有小泐痕，十七行感慨字斜泐至十八行陈字，而系字无损。后有贾似道印四字小方印，前有右军象，紫珊自题云：玉枕兰亭今在杭州，为闺阁所藏，拓本不易得。因属詹君肖抚于石。生沐则从钱太傅家石翻刻者也。云家旧藏缩本字三十余种，乱后无一存者。《两罍轩尺牍答钱警石书》。"

刘氏重覆颖井本《兰亭》

【按语】颍上原石两面刻，一面临《兰亭序》帖，后有"兰亭序唐临绢本"七字和"永仲"一印；一面刻《黄庭坚》小楷，后有"思古斋"三字。因此，《兰亭》称"颍上兰亭"，黄庭经称"思古斋黄庭经"，在明末及清代都非常有名。沈曾植藏的这开"颍井本"与前述"思古斋黄庭经"合为一册，此本为朱拓翻刻。沈曾植以"绍兴内府书画式"记载的尺度入手，来联想比对绍兴内府兰亭与颍本的关系，这在直觉上已经很接近游相《兰亭》中的颍石之祖本。但如王连起先生所言："颍本《兰亭》较之宋御府本，其笔画的生动鲜活相差很多。"沈曾植却在此本后一开上题："世所传《兰亭》虽众，其摹拓皆出一手，行笔时有异处，系当时摹手工拙，惟秘阁墨书气象自独不同，为前辈所贵，此刻是也！"将一个很随意的对残本的临本，攀附成近似秘阁的墨书，透露出他对此刻本认识上的不足。但值得称道的是，他对尺度取证、覆本讹变、墨书与刻工差异等问题上都有敏锐的关注。

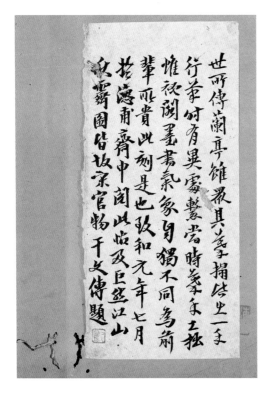

"世所传《兰亭》虽众，其摹拓皆出一手，行笔时有异处，系当时摹手工拙，惟秘阁墨书气象自独不同，为前辈所贵，此刻是也！致和元年七月，于德甫斋中阅此帖及巨然《江山秋霁图》，皆故宋官物。干文传题。"

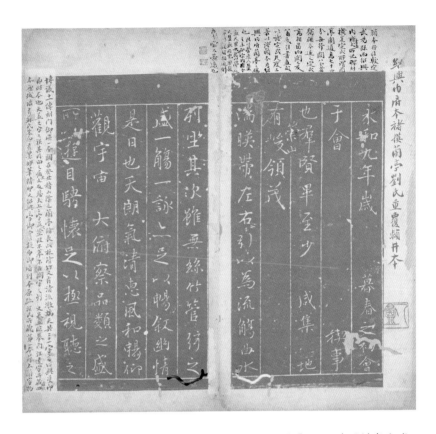

"颖本行法较定武为疏，而《绍兴内府书画式》所记碑刻横卷定式，所谓《兰亭》阑道高七寸六分、每行阔八分者，独颖本近之，定武高相当而阔不及。翁氏引《书画式》以证定武尺度，不若以证颖本为绍兴内府《兰亭》之确也！此以营造尺量之，未知宋内府书画尺果如何，然以营造尺量取所记《乐毅》诸碑数皆相近，则相去当不甚远也！"

　　"此帖向来疑为米临，仅以笔意拟之耳。周密《齐东野语》录《绍兴内府书画式》：出等真迹法书，次等晋唐真迹，并石刻晋唐名帖，并引首上下（缝）用绍兴印、米芾临晋唐杂书上等，最后用绍兴印。据《博议》内府阙字本有绍兴双印，不言在后，则所谓双印者，正引首上下之印。当时所刻原本为真迹，非米临无疑也！"

　　"墨妙笔精章原刻少旁（乙）下微有泐文。乙覆本讹变，遂不成字。此本在覆刻本最精，尚复不免此谬，则他固不足怪已！此即《铁函斋题跋》所称刘公勇本也，《黄庭》精妙混茫，视原刻几无笔不备，所稍不及者，原石秀肃，此略加腴畅耳，《兰亭》则飞腾跌宕之致，去之尚远。"

娛信可樂也夫人之相與俯仰
一世或取諸懷抱悟言一室之內
或因寄所託放浪形骸之外雖
趣舍萬殊靜躁不同當其欣
於所遇暫得於己快然自足不

知老之將至及其所之既惓情
隨事遷感慨係之矣
欣於俛仰之間以為陳迹猶不
能不以之興懷況修短隨化終
期於盡古人云死生亦大矣豈

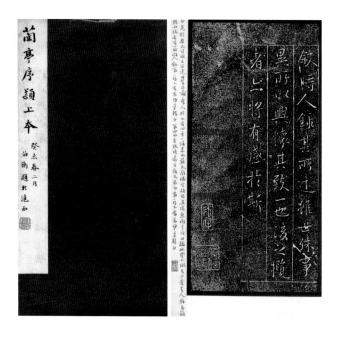

"墨妙笔精"印见于桑氏《博议》，云汪逵司业所藏唐人临本有四：其一绢素本，苏太简播字韵诗真迹，系衔其后曰翰林（学士）承旨中书舍人苏易简于玉堂北轩题，继而跋者皆一时闻人，叙第一行下有墨妙笔精印；第四本无跋语，前有苏氏朱印，第一行下有墨妙笔精印。

《兰亭序》颍上本

【按语】明代对《兰亭》拓本的审美发生了很大的变化，清人王澍《竹云题跋》云："《兰亭》两派，一为欧阳，一为褚氏，欧阳独有定武，褚氏首推颍上。""《兰亭》自北宋至今皆复定武，独至董思翁始为思古斋吐气，以为各本皆出其下，允为千古精鉴。"又云："自南渡来，士大夫专尚定武，竞相传刻，遂为所掩。董思翁始为发之，名遂大噪。"由此可知，在董其昌独揽书坛话语权之前，定武《兰亭》独树一帜，褚氏所摹被人们忽视。定武《兰亭》自宋以来一直受到世人的珍爱，多半因为欧阳询较褚遂良用笔厚重有力。董其昌追求的清姿秀骨，与褚氏笔意颇有暗合，所以才将颍上本《兰亭》视为最佳版本。

王连起先生在《〈兰亭序〉重要传本简说》一文中提到颍上《兰亭》，是从"游相甲之五御府本"这个临写的残本经翻刻，在明代从水井里出现的一个新品种，它的用笔结态与褚摹、神龙、定武诸本皆不同。王先生重版本，认为《兰亭》版本众多，单依古人从书法风格上区分欧、褚，则显得简单不能周全，

且多为后世附会名家者。颍上《兰亭》，王先生按版本系统是单分出来的，书法角度随意且不佳，可是因为董其昌跋其米芾摹刻，各帖皆在其下，颍上《兰亭》于是在明清新发现的《兰亭》中，占据了很高的地位。

沈曾植在跋"国学本定武《兰亭》"中，曾提到："明贤指国学为定武，诚不免转轮圣王是如来之讥。然此石虽出明石，而决非明刻，约其笔意，正当在宋元之际耳。扬可师言尝见国学《兰亭》宋纸宋拓本，盖未入土以前物。颍本亦有宋拓，事类正同。国学元拓极圆润，而未免轻弱。然刻手极精，纤锋毕具，颇有《秘阁续帖》风，宜王良常疑为薛氏本也。"他以佛教中语来比喻定武本与翻刻本之间的关系，又观察到此石笔意在宋元之间，也是符合国学本在清人王澍认为是赵孟頫的临本上石的考证。但是，他抬高国学本与颍上本到宋拓的高度，则说明了他对董其昌跋的那句"其石所刻《黄庭经》《兰亭记》，皆宋拓也"深信不疑，但董其昌还跋了后面一句"当是米南宫所摹入石者，其笔法颇似耳"。沈曾植也用朱笔抄录："此帖向来疑为米临，仅以笔意拟之耳。"但在分析了绍兴双印的位置，《兰亭博议》与《书画式》记录的出入后，得出跋文最后一句的结论："当时所刻原本为真迹，非米临无疑也！"这就比董其昌还偏离得更远了，可见他对明以后出现的定武系统本缺乏充分的认识。

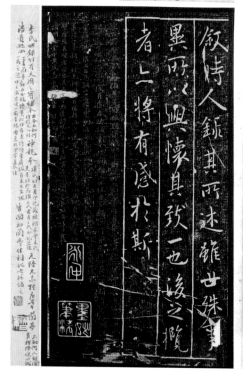

"李氏所录别有天历之宝褚本（石本不知何时，疑元人刻）、神龙本（项氏刻石，有印记，后归潜采堂朱氏，先有刻于乌镇王氏者，有王氏印记。并佳）、元陆元素模唐摹兰亭（不知何人刻，后有柯陆倪四跋）、潘贵妃本（一书‘兰亭叙正本赐潘贵妃’，后有老僧付东屏跋，有朱文公跋；一前无题后无跋；并佳。一前有‘赐潘贵妃’四字，甚不佳），皆国初兰亭佳刻，记此徐访之。"

"乙酉是万历十三年，正国学本出土岁也。宋牧仲作《筠廊偶笔》，称颍上石碎已久，而沈氏《飞凫语略》称国学本日就剥泐，韩氏敬堂初拓本不可复得，计二石精神发越亦止三四十年耳。"

颍井本《兰亭叙》

【按语】《筠廊偶笔》是清人宋荦撰，皆杂记耳目见闻之事。其中有载："嘉靖中，颍上人见地有奇光，发得古井函一，石上刻《兰亭》《黄庭经》，前有'思古斋石刻'五篆字，下有'唐临绢本'四楷字。复有'墨妙笔精'小印，印细而匀，疑是元人物。识者定为褚河南笔，因唐以褚臣临本颁赐天下学宫，事或然也。"沈曾植自是听信了此类记载，且对褚摹《兰亭》甚至米临《兰亭》有特殊偏爱。他与他这个时代的《兰亭》刻本爱好者们，对明以后出现的定武系统本例如东阳本、国学本等都有着强烈的迷信。沈曾植在《宋拓禊帖九种跋》之一誊抄《铁函斋题跋》中东阳本《兰亭》跋云："余目中所见，无论宋、元以后摹本，即古今所号为贵重若开皇本、神龙本、柯九思本、颍上本、三雅斋本，骨力神理，皆出此下。"

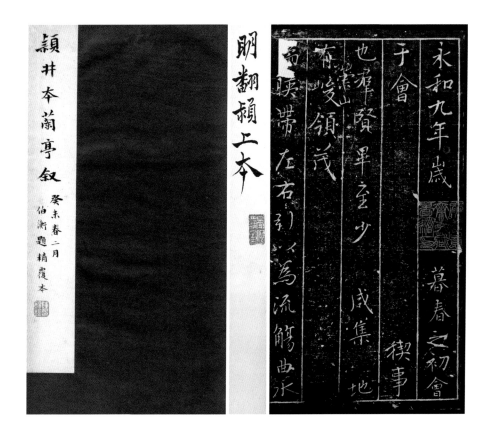

177

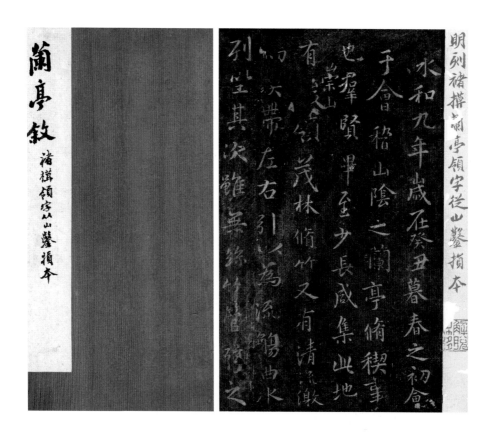

明刻褚模《兰亭叙》领字从山凿损本

【按语】领字从山本《兰亭》的底本，据王连起先生考证，来自南宋御府本，也即游相《兰亭》甲之二。明清鉴赏家，因没有见到过南宋御府刻游相本，而又要向古善本挂靠，所以在明清汇帖中，名目各异，五花八门，如张澄本、王肯堂郁冈斋本、陈甫伸渤海藏真本、冯铨快雪堂本、孙承泽知止阁本，和墨本中的黄绢本。它们与定武一系（包括开皇《兰亭》之类）、唐摹众本（包括神龙、褚摹）都有明显的区别。王先生甚至进一步分析，纵观明清出现的领字从山本《兰亭序》，无论是刻本还是墨迹，可以说都是一个底本繁衍变化而来的。其中张澄、郁冈斋所刻，近于嫡出，唯临摹者时有僵硬之笔，又将画牵丝连带处夸大写重，使人可见重摹的痕迹。渤海藏真本所刻，原底墨迹断行而成袖珍本，是此本的照猫画虎还是渤海本原墨迹的花样翻新？是都有可能的。快雪本临写上石，其原底瘦弱轻佻。

沈曾植誊抄了"甲之二御府本"此帖刻石的最早记录，即南宋桑世昌的《兰亭考》。其卷十一"传刻""御府"部分刻帖五种，其四曰："一本领字有山字，会字全。无界行。有绍兴双印。"说明对其序列还是清晰的。

《兰亭考》"御府"：一本领字有山字，会字全。无界行。有绍兴双印。

"《兰亭》领字从山本，本出于绍兴内府所刻，覃溪谓不知所自，非也。世间常见不过郁冈、戏鸿诸本，翁氏作考时上未见古刻。此明刻，纸墨黝古，笔意沉雅，颇疑其印从宋内府出也！"

"此即快雪堂所模本，多柯氏一跋。刻手不如刘雨若，然可以互相参证。"

《兰亭叙》渤海藏真本

　　渤海藏真本是沈曾植题跋最多的一本《兰亭》帖。此本将一行裁为两行，所以又称"巾箱本领字从山兰亭"。沈氏跋文七则，抄写了关于此帖的部分史料，并以朱笔批校大江济川跋文。

也羣賢畢至
少長咸集此地、

蘭亭脩禊事
于會稽山陰之
癸丑暮春之初會
永和九年歲在

渤海藏真刻蘭亭領字從山本
（宋紹興內府本　明陳緝熙刻本　饗四本
知止閣本　尤天錫刻本　滋蕙堂本）

181

湍暎帶左右引
以為流觴曲水
列坐其次雖無
絲竹管絃之

眏之遊目騁懷
足以極視聽之
娛信可樂也夫
人之相與俯仰

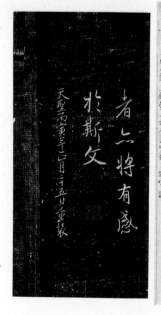

元祐戊辰二月獲于丹
翁之子泊字及之米

藏記

紹興八年十二月
十二日臣米友審

者亦將有感
於斯文

天聖丙寅十二月二十五日重裝

一行　張石民剝對之
二行　夾頭少異
四行　此剝非博古帖例

趙摸諸萬貞勇著
救之流摸賜王公貴人
著于張彥遠法書要
錄此軸在蘇氏題為
褚遂良梅觀其意

宅茶題
右米姓祕玩天下蘭亭
本第一唐太宗獲此書
命起居郎褚遂良檢
校馮承素韓道政

戲著漢標書存焉
式樹、昭陵玉椀已出
戎溫無類誰寶真
物水月何殊志專用
一繡纆金鑲璪機鋪

綷煒嫩元章守之多矣
壬午閏六月九日大江濟川

蹞耕錄蘭亭石剝辛集有偽王家藏
藏宋拓張澂刻本山錄載米題跋云壬午閏六月九日
大江濟川亭曠貲吾齋腥紫金浮玉峯山近快風
銷暑重霰此本有俞州澂補有范元己壬文惠宇
書与此六合王佰謂陳綺熙令悟張本出而張又重剝劉
妄言奇崟劉無言苹中領中呌山耶　俞州止言帖
有張澂摸勒上石字石云摸劉無言本宗數語誤

《兰亭》二种之神龙本

【按语】沈曾植认为"四行以下为神龙，与明代诸刻不同，疑宋元旧刻"。并补写了"盛""一""觞""是""日""也"六字，陈伯衡在旁边评价"深得晋人三昧，以视仅求形似者，真有仙凡之别矣"。

学者戴家妙研究发现："沈氏五十一二岁取法欧阳询黄山谷较多，五十五岁前后取法虞世南、褚遂良较多……六十岁时从米芾的书风中实现了取径的理想……六十五岁那年写的题跋，唐人写经与汉人简牍合融在一起……最后几

"行情楷骨，极草偃风行之势。然是唐人行法，与宋贤特甚不同；而与柳书《兰亭诗》，颇有可互参处。在神龙诸本中，别自一家。刻工亦颇能传之，殆非天水时代良工不办也。"

年，沈曾植以六朝碑版的体势，悬臂拓大，探索章草写法，将汉简的韵味融进钟繇、索靖一路书风中。"

沈曾植早年学黄山谷，心与手忤，往往怒张横绝，不能得势。黄山谷云："世人尽学《兰亭》面，欲换凡骨无金丹。谁知洛阳杨风子，下笔便到乌丝栏。"可见二王的高度就在那里，历代书家趋之若鹜，日课智永《千字文》也好，意临《集王圣教序》也罢，皆非后天努力所能超迈的，那种先天灵气、意与古会，不在点画波折，而在精神气质。

"此前三行乃曾宣靖家本，墨池所从出也，四行以下为神龙，与明代诸刻不同，疑宋元旧刻。"

"右补六字系嘉兴沈文诚公笔，深得晋人三昧，以视仅求形似者，真有仙凡之别矣。"

《兰亭叙》百衲本

【按语】到了晚年，沈曾植在《菌阁琐谈》里表露他把王羲之的书法想象成"古隶章草"的心迹："右军笔法点画简严，不若子敬之狼藉，盖心仪古隶章法。由此义而引申之，则欧、虞为楷法之古隶，褚、颜实楷法之八分。"

在百衲本《兰亭》帖中，沈曾植写了魏碑体《兰亭》，或许也是应和那个时期包世臣、李文田等人因倡导北碑而将王羲之书说成魏碑体之风。

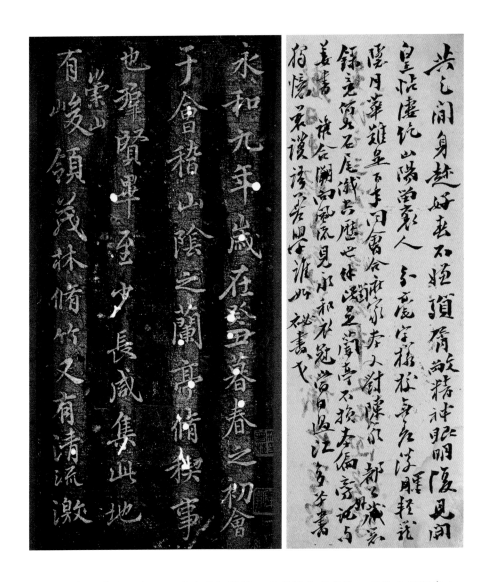

"共乞闲身趁好春，不嫌琐屑敝精神。眼明复见开皇帖，凄记山阴留襄人。

分毫字样校无差，淡墨轻笼隐月华。难是百年同会合，庄家本又对陈家。

都公著录竟何如，石尾俄空历世解。此是兰亭不损本，偏旁好与姜书合。

溯向风流见永和，衣冠当日过江多。平书独忆蔡谟语，善学谁如秘书戈。"

沈乙盦临《兰亭叙》

【按语】沈乙盦此册为《兰亭》五种一函中之附件。沈曾植所临仅存"列坐其次……一室之内"7行。其门人史久绍补书21行，合成《兰亭序》全文，合装成册。20世纪60年代由于在南京地区出土了东晋时代王、谢的家族墓志，郭沫若撰文论世传王羲之《兰亭序》为伪作，在文物界和书学界都掀起了轩然大波。然如王连起先生在文章中所言："这种无视南方碑禁依然，右书无碑书流传，而却要以无名氏的、保守的、艺术水平不高甚至是低下的铭石书，来等同王羲之的《兰亭序》行书，一时给书法史带来了极大的混乱。"

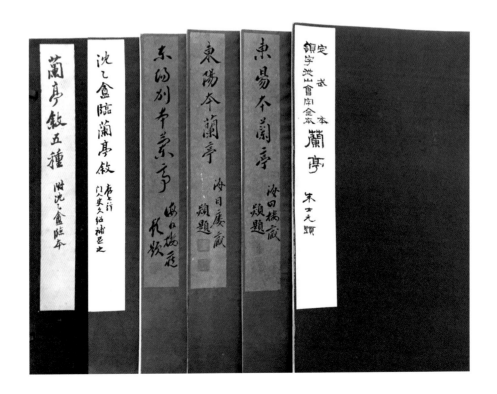

"徐坛长记慈溪姜氏《兰亭》云：……中多《圣教》字，如九字不勾，稧字禾草，贤旁带草，流字右首加点，不字三连，又如水、宙、所、诸、万、老、及、能、殊、世等，皆作放体行书，为他本所无。"

"节录弇州王世贞跋宋拓《兰亭》云：仰字针眼，殊字蟹爪，列字丁形，云字微带肉……行笔雄逸圆秀，天真烂然，又《圣教序》古刻佳字多从此出。"

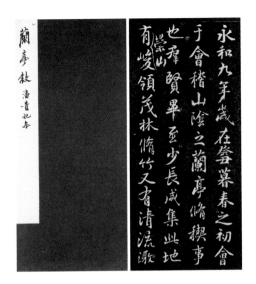

《兰亭叙》潘贵妃本

【按语】沈曾植在题记中指出，依潘贵妃本来看，近代诸君《圣教》没有可比拟的，因为近代慈溪集字本，就是明代所传之赐潘贵妃正本。这真是一个有意思的现象，《圣教序》是集王羲之字，包括《兰亭序》里的字而成，到后世，反过来用传本的《圣教序》里集字成《兰亭序》，可以说是一种"返祖"，王羲之的书法真相也在代代相传与转摹中变得更加扑朔迷离。

神龙本《兰亭序》的问题，关键不是风格的妍媚，而是传摹临写过程中带入了后人的笔法而"失真"。沈曾植对此的看法，正如前所述，要用唐人书风去企及王羲之的笔意。唐初书坛，欧阳询、虞世南由隋入唐，犹有古制。如沈氏在《菌阁琐谈·文皇率更传六代之笔法》中所言："自六代以来，南北书法，不论真草，结字皆有师承，代相祖习。惟大令能因笔成势，自生奇正，而羊、薄不能绍其传。至唐初而文皇倡之于上，率更行之天下，传六代之笔法，而不用其结法。有唐一代，雄奇百出，皆文皇、率更之余习也。而文皇草势，至南宫乃发泄无遗。"在王羲之与欧阳询的关系中沈曾植甚至用佛家的慧能和神秀去比喻。如在《全拙庵温故录》中说："六代清华，沿于大令；三唐奇峻，胎自欧阳。譬教家之空有二宗，禅家之能、秀二派已。""由唐溯晋"的观点实则承袭了南宋赵孟坚，这在沈曾植广收《圣教序》中亦可窥见。

旧拓《圣教序》

【按语】沈曾植的题记里有两个重点。第一个，此本唐怀仁集《圣教序》是唐人集王羲之字而成，纯然唐法，与晋法无关；第二个，但若取法晋人，与其从宋人入手，还不如从唐人着手，因为唐人书楷多行少，且时代较近。

另有《同州圣教序碑》，是唐人褚遂良所书《雁塔圣教序》的临本翻刻。沈曾植有明拓本，并据此对褚书有过详细的分析，特别的是，他提到："《同州》《雁塔》，皆承学者所模。《同州》意在矜严，例以《孟法师》，则失之于峻。《雁塔》专趣超纵，例以《房玄龄》，又病其未和。此如《兰亭》之歧为定武、神龙两派。想象原碑，正当以魏栖梧《善才寺碑》求之，此如藉殷令名书以寻《庙堂》《九成》真面也。"

沈曾植用褚遂良早年的《孟法师碑》与晚年的《房玄龄碑》两种不同的风格来归类区分《同州》与《雁塔》，并进一步指出就像定武与神龙两种唐摹《兰亭》，无论欧阳询（定武《兰亭》原底，传为欧阳询临本摹刻，此说肇始

"长物摩挲暑影迟，来亡人尚立枯枝。七重树下慈颜在，记我婴童识字时。"

"千桑百海韦端巳，一念万年杨次公。秋尽行间寻粉迹，蠹鱼原是可怜虫。"

"紫薑旧事，思若隔生。衰病残年，不惟腕指生疏，知见亦更无新绪。冬斋重展，俯仰泫然！"

于北宋人李之仪），还是褚遂良（神龙本至明顶元汴时证实为冯承素本，丰道生曾将此本摹刻上石并妄称褚遂良，后反被误为祖本），都是偏离《兰亭》的后世再现，并由此一再歧路而下。对褚遂良的想象，或许要从学他的唐人魏栖梧《善才寺碑》中来窥探，就如同从唐人殷令名的书迹中来寻找他所宗法的虞世南（《孔子庙堂碑》）与欧阳询（《九成宫醴泉铭》）的真面目。

可见，沈曾植对书法风格在传承过程中的损失、变异是很有自觉意识的，并对流派的划分与溯源有自己的见解，这吉光片羽的论述亦是他书学的点滴认知。回到下图所言的后半部分，沈曾植还是认为，《圣教序》的唐拓本，是能与神龙本的《兰亭》相映证的，相比之下，崇恩的《宋拓墨皇本圣教序》肉多锋少，已经差得比较远了。

那么对于《圣教序》的临习，沈曾植自己是如何抉择的呢？

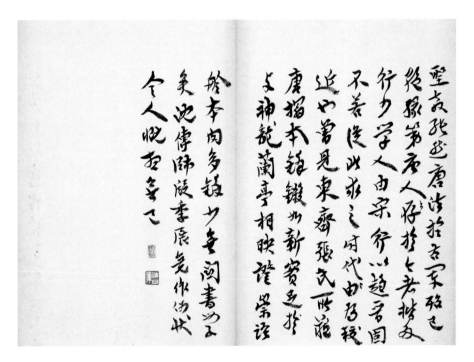

"《圣教》纯然唐法，于右军殆已绝缘。第唐人书存于今者，楷多行少。学人由宋行以趋晋，固不若从此求之，时代为较近也。曾见东齐张氏所藏唐拓本，锋铩如新，实足与神龙《兰亭》相映证。崇语舣本，肉多锋少，无关书学矣。沈传师、段季展竟作何状，令人慨想无已。"

"《圣教》以未断者为北宋本，初断者南宋本，三奥俱全者次之，故字未损者次之，右字未损者又次之。或又以三奥俱全为南宋本，右字不损为国初本。收藏家言如此。余于此帖，性乃不近，不能抉择也。此册右字未损，而纸墨不精，姑存一种，以资考辨。"

【按语】在此帖的后一开中，他列数了几个版本。对于这本旧拓，虫蛀严重，后又重装，沈曾植拿它来仅作参考数据所用。同时要引起注意的是，沈曾植提到"余于此帖，性乃不近"，这在他另外一本《南宋拓本圣教序》跋中也说道："仆于此碑不甚措意，于此本乃摩挲不能遽舍，而每行首末诸字，尤多可与定武《兰亭》、高绅《乐毅》互相印证者。唐代刻工之精，惟此宋拓能显出耳。"相比于此碑，沈氏的关注点更多的在此帖的工具性。

大唐三藏聖教序

太宗文皇帝製

弘福寺沙門懷仁集晉右將

軍王羲之書

盖聞二儀有像顯覆載以含生

四時無形潛寒暑以化物是以窺

宋翻宋拓寿光本《圣教序》

【按语】此本首开上有沈尹默补书"大唐三藏《圣教序》"的头几行，纯然唐法，纤秾隽丽。用各种《圣教》来企及《兰亭》，昭示了沈曾植对晋人法度的向往和追求，在这一册中也略见一二。在记述了谈钥《吴兴金石志》里有宋翻《圣教》墨妙亭本后，他提到："前日狄楚卿持一本来，亦宋翻宋拓，又与此本不同。其转折微带方劲，意乃与宋人所摹定武《兰亭》相近。"《兰亭》从定武本到宋人摹，节节溃败，却能由此观《圣教》的衍变，殊途同归。而《圣教》证《兰亭》，亦如六朝碑刻溯《兰亭》。

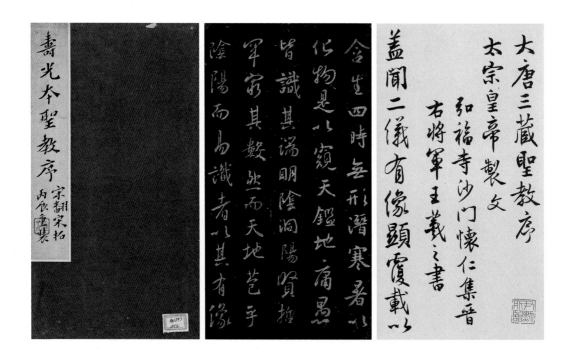

後鑴吳興金志碑碣门裸唐太宗御製聖教序僧智永集王右軍書在墨妙亭興條□謂異聞然元祐歸國之年歐虞皆已詣世不應永師尚在人間智永字懷仁字誤不疑弟擴以知宗翻聖教有墨妙亭本年丁巳三月上巳日柬軒記前日狄楚卿持一本来亦宋翻宋拓又与此本不同此其轉折微帶方勁意乃与宋人所摹定武蘭亭相近愚頗賞之為蜀李氏所得

"前日狄楚卿持一本来，亦宋翻宋拓，又与此本不同。其转折微带方劲，意乃与宋人所摹定武《兰亭》相近。"

淳化閣帖第十

明代的苏州府和松江府是帖学的重镇。受常州府《真赏斋帖》的影响，苏州长洲县的文徵明主持刊刻《停云馆帖》。吴中刻石技术世代相传，摹刻《真赏斋》与《停云馆》的就有章简父，他的儿子章藻以家藏刻有《墨池堂帖》。晚明松江的刻帖数量称冠全国，嘉靖末和万历初松江府产生了影响力极大的顾氏玉泓馆本和潘氏五石山房本《淳化阁帖》，万历朝以后，董其昌选辑刊刻了《戏鸿堂帖》。

到了清代，民间刻帖风气也很盛。集历代名人书法的丛帖，例如卞永誉的《式古堂法帖》，陈永春的《秀餐轩帖》等，虽从明代开始刊刻，但都到清代才完成。沈曾植收藏刻帖几十种，在其中的《式古堂法帖》的跋中对上述几例帖本有过生动的概括。

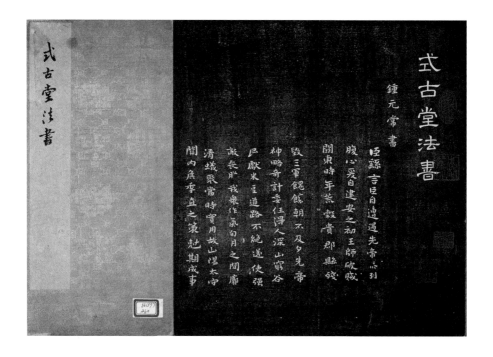

式古堂法书

【按语】沈曾植于光绪辛卯年（1891）正月购得此册。《式古堂法书》凡八卷，清卞永誉辑。沈曾植对一本一而再再而三翻摹刊刻几近变样的本子，在书法价值上的期待是不高的，只是存古帖之影。他的这句"《墨池》刻例最谨严，《停云》详墨迹而略石刻，遂开后来草率之渐。《戏鸿》以后，无足论矣"，可以与他在《初拓墨池堂右军书像赞》上的另一段跋对照着理解："细玩其镌勒用意之处，波拂提押，的与《停云》初拓无二。肉好处，尤二帖独绝诸刻者。明贤称《停云》不称《墨池》，盖当时固壹视之。至国初两石皆损，《停云》泐而弱，《墨池》泐而秃，于是得淳古之称。又《停云》补刻大劣，《墨池》覆刻亦尚可观，以此声价章遂掩出文上，皆据后以概前，不能纪远之论。书家据以评书，鉴家准以考古，笃信兹言，滋增障耳。章帖秃本，尤与乾隆馆阁书派相宜，故在当时书估犹重。"能看出，就书法上的评价，沈曾植认为《墨池堂帖》是在《停云馆帖》之上的，也因《停云》的草率、泐弱、补刻拙劣等原因，在市值上也不如章氏家族的《墨池》。帖与帖之间的比较，是沈曾植比较擅长的，也是他通过各种途径溯源的方法。在另一本《至宝斋法帖》里，他又对上述刻帖进行了分析比对。

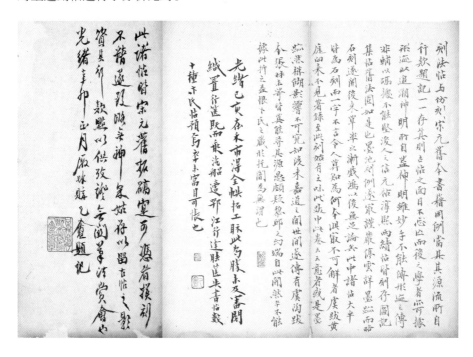

"刻法帖与仿刻宋、元旧本书籍同例，当具其源流所自，行款题记，一一存真，则古帖之面目不亡，而后之学者亦可据形迹以追溯神明所自。盖神明虽妙手不能传，形迹之传，非辅以确据，不能坚后人之信。元祐、淳熙两《续帖》，皆刻存图记，集帖旧法，固如是也。《墨池》刻例最谨严，《停云》详墨迹而略石刻，遂开后来草率之渐。《戏鸿》以后，无足论矣。此中诸帖，大半皆为石刻，而一字不言，令人莫知为何本。此最不可解者。虞跋《黄庭》向来不见著录，至此刻始有之，味此跋中此卷云云，意者或是墨迹，然模糊影响，不可究知。后来嘉、道之间，此间遂传有虞陶跋本，张叔未等皆莫能寻其源，愚颇疑黎邱之幻，端自此开，然卒不能据此折之，益恨卞氏之藏形托暗为无谓也。"

"此诸帖皆宋、元旧拓确实可凭者，模刻不精，遂致略无神采，姑存以留古帖之影，资其行款点，以供考证，无关笔法赏会也。光绪辛卯正月，厂肆购，乙盦题记。"

至宝斋法帖

【按语】《至宝斋法帖》由清人孙丕廷辑刻，收历代书法名迹三十余种。容庚的《丛帖目》未收此本，张伯英著《法帖纪要》评此帖"钩摹皆出庸手，《曹娥》《画赞》等字形略无变化。"沈曾植对《至宝斋法帖》是持褒赏肯定态度的。在刻工上，他认为此帖接近《墨池》。如前所述，他更喜爱章仲玉章藻。并且与《墨池堂帖》在版本上对比，《至宝斋》里的《曹娥》《画赞》两篇都有更完整的字，所以能得出此帖并不是摹了《墨池》本，而是从原本出的。至于被他认为刻手近《停云馆帖》的《秀餐轩帖》，刻入其卷二的有明后《洛神赋十三行》的版本。沈曾植在《海日楼题跋》里，亦有跋文记录："……则大令《洛神赋》在北宋固有全本，且有钱氏所临全本。章氏所摹，向以其流传无绪为疑。以余观之，谓之穆父摹本可，谓穆父临本亦无不可。"穆父就是宋人钱

飚，一生都在临习王献之的《洛神赋十三行》，他儿子钱伯言跋其临本言："子敬《洛神赋》，分裂在范尧夫、范中济、王晋卿三家。穆父借临，遂全一赋故数，自临写至数百过。"《蜀中石刻跋》言："钱公内翰并三家摹之，旦旦临写，晚极精妙，笔势字体，深造大令阃阈。宜春所刻《洛神赋》，有伯年跋者殊真。"沈曾植在这里只是想说明，在刻本中看到的所谓王献之《洛神赋》，是分不清到底是钱飚的摹本，还是钱飚自我痕迹更重的临本的。

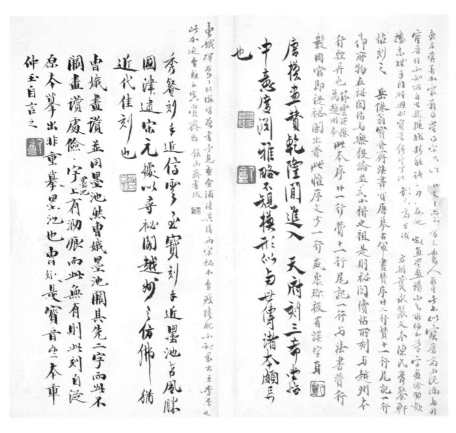

"《秀餐》刻手近《停云》，《至宝》刻手近《墨池》，希风胜国，津逮宋元。据以寻《秘阁》《越州》之仿佛，犹近代佳刻也。"

"《曹娥》《画赞》，并同《墨池》。然《曹娥》《墨池》阙其先二字，而此不缺。《画赞》处俭，俭字《墨池》上有泐痕，而此无有，则此刻自从原本摹出，非重摹《墨池》也。《曹娥》是《宝晋斋》本，章仲玉自言之。"

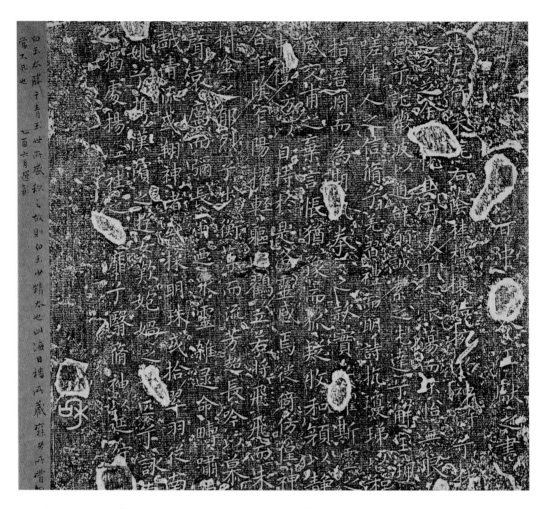

"白玉本胜于青玉，世所盛称之故，则白玉少精本也。此海日楼所藏，寐老所赏，固当不凡也。乙酉六月运彰。"

宋拓十三行

【按语】《洛神赋》，王献之书，现存十三行，因刻在玉版上，也叫《玉版十三行》。这是一册合装本，陈运彰补题封面。册内跋文凡八则，其中沈颎附记一则："《十三行》（陆时化旧藏、闽梁退庵本、文诚公跋）校证同。此本为海日楼故物，失而复得，为丁亥春日可喜之事。垂暮之年，惟日夜祷祝凡我失去诸物，倘能一一归来，是所深望，否则死有憾焉。悔居士题记于沪西之福寿邨中。"

沈曾植跋："宋拓《十三行》，曼陀罗室藏，闽梁退庵本，校证同此书，可云劲直，须知曲处故在，当于离纸一寸处寻之，所谓意在笔先者也。"所以附在后面一开的梁章钜本，是用来校正的。能看出，对于"求旧拓校之""寻模帖遗传性推其系统"是沈氏乐事，也是他自己摸索、认知碑帖的一种方法和手段。

沈曾植藏《宋拓十三行》跋语，在《海日楼题跋》卷二中有多处：

"黄长睿曰：'自秦易篆为佐隶，至汉世去古未远，当时正隶体尚有篆籀意象。厥后魏钟元常及士季、晋王世将、逸少、子敬作小楷，法皆出于迁就汉隶，运笔结体，既圆劲澹然，字率匾而勿椭。今传世者，若钟书《力命表》《尚书宣示》、世将《上晋元帝二表》、逸少《曹娥帖》、大令《洛神》，虽经摹拓，而古隶典型具在。至江左六朝小楷，若《海陵王志》《开善寺碑》，犹有钟、王遗范。陈、隋结字渐方，欧、虞乃易方为长，以趋姿媚，而钟、王楷法远矣。'长睿此言，说南朝楷法流变，至为详确，而亦据此。可知北宋人所见《洛神》，摹拓虽殊，字体皆匾而勿椭。岂得以后出字形不古《玉版》论大令，而转以此匾而勿椭者为唐法哉！吴用卿之碧笺，乃正堪翁萝轩绿玉作对耳。"仅此一例就能发现沈曾植善于从已有的材料中来探书法流变，并进一步从风格角度涉及断代。

"宋拓《十三行》，曼陀罗室藏，闽梁退庵本，校证同此书，可云劲直，须知曲处故在，当于离纸一寸处寻之，所谓意在笔先者也。"

"此《十三行》，蓠痕沴影，大致与绿玉本同。或定此为翁氏初拓，未敢决也。或者宋刻别本，当博求旧拓校之。"

"此本结体端雅，去石氏本未远。白玉本一味轻俊，则高帝裔孙，隆准不嗣矣。寻模帖遗传性推其系，亦资暇乐事也。"

"白玉本笔意虚和，与绿玉有刚柔之别。姜西溟（姜宸英）云：绿玉笔法方整，颇类松雪。杨可师云：秀劲圆润，行世小楷，无出其右。"

"细玩此本，乃知元明人所以有永兴临摹之说。试以《敬显儁》笔法推之，子敬元素何必不在兹片石？"

許靈長摹刻澄清堂帖梁間山拓稱道之以為絕
傳古人筆意然以宋刻原本按之固不若吳周生本
清迴浮真也張崿未極言吳本雜得余所得乃有初
拓本二後拓本一既發澄清為施武子刻以邢氏
本副置施本之旁麟趾鳳毛珠璧盡四代賞會之殊
惜鐫刻之異勢徒以此刻終之以海山仙館潘刻雜以
憨郷之憨長然五世同居固是一家盛事也

戲鴻第十六卷亦從此刻香光跋云澄清
堂宋人以為賀鑒夔董南唐李氏所刻余
見之卷皆大王書摽之尤異者為一卷以
嚴魏墜壞帖之形使宋元右軍復出耳至
重之如此世罕澄清寰每者四見董見五
見五卷為寰多不知彼帖後帰何所

澄清堂帖　明許靈長摹刻本
翁方綱題五十九行

明翻宋刻澄清堂帖　海日樓題

"此帖正侧互用，超逸而有不尽之趣，最为可玩，形质与神理相附者也。"

快雪堂法帖

【按语】《快雪堂帖》是清代冯铨摹集、刘光旸（字雨若）刻。沈曾植在集王羲之书札之侧用朱笔蝇头小字（见后页）写道："左方诸帖，并摹《澄清堂》本，昔人所谓惟妙惟肖者，帖中精华所在也。"并在他收藏的另一本《明（许灵长）翻宋刻澄清堂帖》（左图）中考得："《澄清堂》为施武子刻，以邢氏本副置施本之旁，麟趾凤毛，殊足尽两代赏会之殊情，镌刻之异势……《戏鸿》第十六卷，亦摹此刻。"特别提到董其昌跋："《澄清堂》，宋人以为贺监手摹，南唐李氏所刻。余见五卷皆大王书，采其尤异者为一卷，以殿《戏鸿帖》，亦欲使宋元右军复出耳。"目的明确，用心亦重，沈曾植必有同感，在摹《澄清堂》本的《快雪堂》本上接着跋道："此帖正侧互用，超逸而有不尽之趣，最为可玩，形质与神理相附者也。"

　　"顿从去，劣多一折，与六书乖谬，此非尽传模之失，晋宋砖文，多别字，是其证也。"

　　"左方诸帖，并摹《澄清堂》本，昔人所谓惟妙惟肖者，帖中精华所在也。"

　　"褚本至此，微独与定武胡越，即神龙亦无复优孟、叔敖之肖，其遣笔与结体理谬意乖，古今法并不可绳之。传模要自有旧本，不知何以乃尔？其不可解处正与开皇本同也。"

沈曾植认为刻工刘氏不及章氏之处在于"能为精丽，不能为简古"。但他自己也意识到与古法相违的几处则并不一定是刻工的问题，以前的砖文上本就有别字，这在左图题跋"'顿'从'去'，'劣'多一折，与六书乖谬，此非尽传模之失，晋宋砖文，多别字，是其证也"中可见。在《快雪堂法书》帖所刻"领字从山本"《兰亭》后有跋："褚本至此，微独与定武胡越，即神龙亦无复优孟、叔敖之肖，其遣笔与结体理谬意乖，古今法并不可绳之。传模要自有旧本，不知何以乃尔？其不可解处正与开皇本同也。"可见，沈曾植对书法风格的直觉是很敏锐的，此帖在成亲王永瑆《诒晋斋集》卷八中记载为同内府所收的《赐潘贵妃本》是"同一笔法"，而迥异于定武、神龙、颍上诸本。只不过，沈氏没有想到的是，集字的《兰亭》，怎么可能是褚遂良的笔意呢？

"刘雨若镌勒之工，章简甫后，殆无其偶。所不及简甫者，能为精丽，不能为简古耳。合《真赏》《郁冈》《快雪》观之，乃知文家《停云》定自独胜处。"

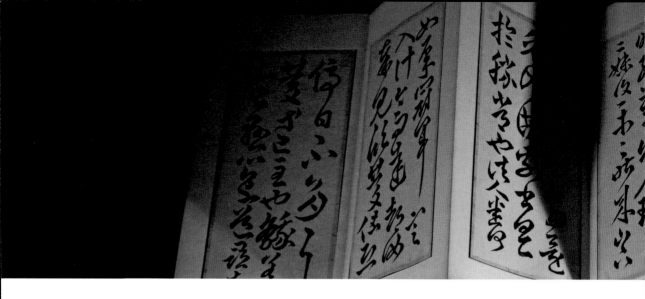

《淳化阁帖》卷十拓本残册

【按语】宋太宗赵炅爱好书法，派人访购流失在民间的历代法书，编为十卷，淳化三年（992）刻于枣木版，秘藏宫阁中，这就是《淳化阁帖》，简称《阁帖》。这是一本沈曾植自己加工过的刻帖，他在其中补书了三开，将他对王献之的理解运用在实践中。

如前所述，沈曾植对草书的演变分为古隶章草、八分章草和今隶今草。与大王"笔笔皆断"的古隶章草相较而言，王献之是"笔笔皆连"的今草，"而断犹宗汉，连乃开唐"，进而沈曾植觉得自己"笔性特与北海中岳近，则学小王宜。然大王古法，不可不知"。

20世纪后，随着大量甲骨、钟鼎彝器及汉晋简牍等考古资料的逐步发现，沈曾植甚至把草书的源头推到大篆和甲骨文，"草书原自古大篆，其变化譌略破觚削繁之意，漆书虫昆之形象，往往与古金文字辜较相通，上且及于龟卜文"。这是从书法自身用笔和形态上的总结，发前人所未发，此认识也得益于碑帖争论中对书法源流演变的不断深入的大环境。故湖南向燊云："自碑学盛行，书家皆究心篆隶，草书鲜有名家者。自公（沈曾植）出而草法复明。"

沈曾植常自称"书学深而书功浅"，晚年收藏各类碑帖以便临摹也可算对其"书功浅"的补偿。但他的收藏多为明代以后水平不高的翻刻，这里有研究本身的难度和获取渠道受限的外在条件，也符合其业余爱好的一个种类属性。质量不高的刻本，自不能与毫芒可鉴的祖本原刻相提而论，甚至都比不上今人

的影印之精，更何况我们能从博物馆和印刷品中获得更便利的观览。按照启功先生的说法："以材料论，古代所存固然比今天的多，但以校核考订的条件论，则今天的方便，实远胜于古代。"在时代的大背景下，沈氏的《兰亭》收藏只是清末金石碑帖收藏圈的一个缩影。

沈曾植对书法实践上的关照要多于考证鉴定，后者能力的偏弱并不影响他的鉴藏之趣。所以才能在他的日常书写与艺术表现之间，既有不疾不徐的工整与翻覆跌宕的潇洒之间的差别，又有学理与实践息息相关的内在联系。这其中的以学养书，开拓了乾嘉以来学人书法的格局，也正是他在实践中的诉求，促使他用自己的眼光和审美导向来选择青睐的碑版刻帖，并不一定严格按照版本学上的优次排序，也许在鉴定上并无太多见解但却能用帖与帖之间的比较和溯源作为他独有的方法来认识各类书体间的流变，进而用书法的风格断代来作为他目鉴的佐证。

淳化閣帖第十

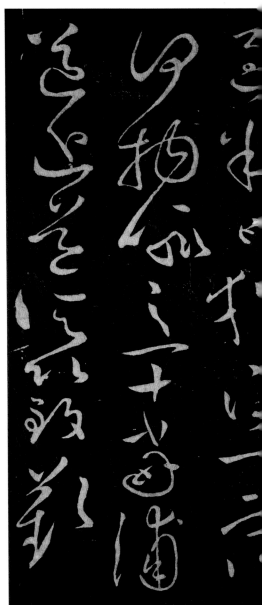

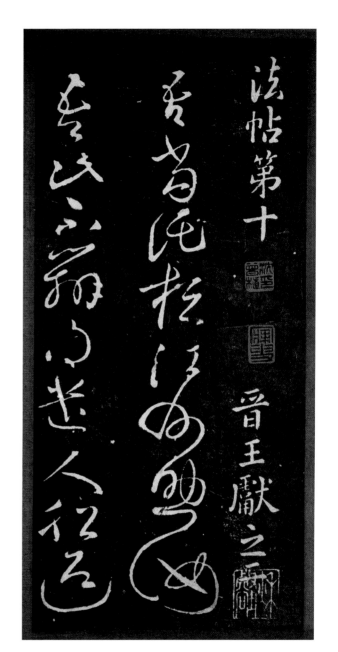

法帖第十

晉王獻之

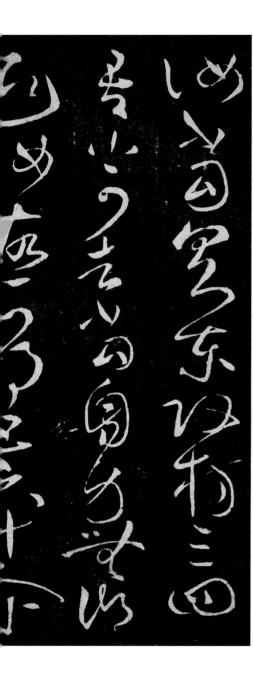

215

笔静时如日月色
不如字指缘芳也法人書

强乞去流自省色
眺龙乾粝人瑾
二姝後二而三水兴

渔浦桃花水上船

夜乃行□□渔波

□□□□上船

鱼事小舡为宅

牧十三四坐沙边去为

又风不□□独夜催

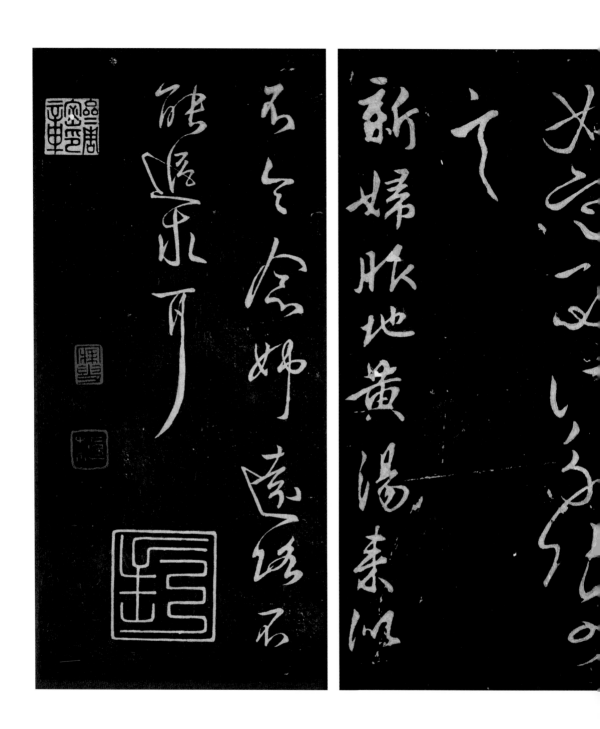

新婦脹地黃湯來似

之

不今余姊遠路不

能還東耳

如军同郡华歆
入竹林与子诸
盖见弘曰其又佳
信白不为之了
尝又与言也数笔
不古乱心色若语言

参考文献

专 著

1. 文物出版社编辑《兰亭论辩》，文物出版社，1977 年。

2. 王国维《王国维全集·书信》，中华书局，1984 年。

3. 杨绳信《中国版刻综录》，陕西人民出版社，1987 年。

4. 胡道静、陈光贻、虞信棠《简明古籍辞典》，齐鲁书社，1989 年。

5. 袁英光，刘寅生《王国维年谱长编 1877—1927》，天津人民出版社，1996 年。

6. 沈曾植《海日楼札丛·海日楼题跋》，辽宁教育出版社，1998 年。

7. 钱仲联等《中国文学大辞典》，上海辞书出版社，2000 年。

8. 钱仲联《沈曾植集校注》，中华书局，2001 年。

9. 柯愈春《清人诗文集总目提要》，北京古籍出版社，2001 年。

10. 薛永年，杜娟《中国绘画断代史·清代绘画》，人民美术出版社，2004 年。

11. 许全胜《沈曾植年谱长编》，中华书局，2007 年。

12. 赵传仁，鲍延毅，葛增福《中国书名释义大辞典》，山东友谊出版社，2007 年。

13. 王壮弘、马成名《六朝墓志检要》，上海书店出版社，2008 年。

14. 黄永年《古籍版本学》，江苏教育出版社，2009 年。

15. 沈曾植《海日楼札丛·外一种》，上海古籍出版社，2009 年。

16. 瞿冕良《中国古籍版刻辞典》，苏州大学出版社，2009 年。

17. 刘涛《中国书法史·魏晋南北朝卷》，江苏教育出版社，2009 年。

18. 张静《元好问诗歌接受史》，中国社会出版社，2010 年。

19. 故宫博物院《兰亭图典》，紫禁城出版社，2011 年。

20. 汤剑炜《金石入画：清代道咸时期金石书画研究》，上海古籍出版社，2013 年。

21. 潘衍桐，夏勇，熊湘《两浙輶轩续》，浙江古籍出版社，2014 年。

22. 傅璇琮《续修四库全书总目提要·史部》，上海古籍出版社，2014 年。

23. 嘉兴博物馆《海日流光：嘉兴博物馆馆藏文物·沈曾植书画作品暨浙江省文博单位藏沈曾植书画作品选》，中华书局，2014 年。

24. 戴家妙《〈寐叟题跋〉研究》，中国美术学院出版社，2015 年。

25. 《中华大典》工作委员会，《中华大典》编纂委员会《中华大典·文献目录典·文献学分典·目录总部》，广西师范大学出版社，2015 年。

26. 许全胜，柳岳梅《海日楼书目题跋五种》，中华书局，2017 年。

27. 王连起《中国书画鉴定与研究·王连起卷》，故宫出版社，2018 年。

28. 浙江省博物馆《金石书画（三）》，浙江人民美术出版社，2018 年。

29. 刘涛《魏晋书风：魏晋南北朝书法史札记》，广东人民出版社，2019 年。

30. 马宗霍《书林藻鉴·书林记事》，文物出版社，1984 年。

期　刊

1. 王连起《〈兰亭序〉重要传本简说》，《紫禁城》，2011 年。

2. 戴家妙《沈曾植的交游与学术》，《中国书法》，2016 年。

王国维赠沈曾植贺寿词轴
浙江省博物馆藏

"先生少年固已尽通国初及乾、嘉诸家之说，中年治辽、金、元三史，治四裔地理，又为道、咸以降之学，然一秉先正成法，无或逾越。其于人心世道之污隆，政事之利病，必穷其原委，似国初诸老。其视经、史为独立之学，而益探其奥窔，拓其区宇，不让乾、嘉诸先生。至于综览百家，旁及二氏，一以治经史之法治之，则又为自来学者所未及。……夫学问之品类不同，而方法则一。国初诸老用此，以治经世之学；乾、嘉诸老用之，以治经、史之学。先生复广之，以治一切诸学。趣博而旨约，识高而议平。其忧世之深，有过于龚、魏，而择术之慎，不后于戴、钱。学者得其片言，具其一体，犹足以名一家，立一说。其所以继承前哲者以此，其所以开创来学者亦以此。使后之学术，变而不失其正鹄者，其必由先生之道矣。"

——王国维《沈乙庵先生七十寿序》节选

222

后　记

宋人有云："胸中襞积千般事，到得相逢一语无。"我提笔想写下这本书的后记时，这句诗竟径直从脑海中浮现出来。这些年和陈翌伟断断续续着手进行沈曾植旧藏整理的纷繁复杂，现在回想起来，都对自己当时选报课题时的鲁莽感到后怕不已。我不仅低估了做此项研究的现实环境，又对自身的研究能力认识不清。值得庆幸的是我俩的革命友谊在这艰难坎坷中历久弥坚，反倒生出一种苦中作乐的常态来。

我更愿意把记忆停留在2012年。我们在库房里整理朱家济先生的捐赠文物，识读他密密麻麻的书信日记，观赏他琳琅满目的文房字画，我们大有一腔热情把浙江省博物馆馆藏的捐赠老人一个接一个慢慢整理下去的雄心壮志。《大雅久不作——寻觅朱家济先生》就像一个顺产的婴儿，是我们做的第一本书、第一个展览，没想到也是最后一个。

我们俩2006年同时入职浙江省博物馆，她的岗位是古籍整理，我则是书画库保。博物馆并非专门的科研机构，我们的日常工作就是藏品管理和服务他人，接待馆内外的个人也好，机构也罢，但凡有提用需求，都要尽量满足，特别是保管部与借展单位的业务往来，出差布展撤展已成近几年的主要工作重心。尽管总有一种该做点什么的责任心时时敲击耳侧，然而我们终究负了藏品又负韶华，每每热议时的头脑风暴，总是在下班铃声响起的那刻戛然而止。

2017年我对着沈曾植的捐赠文物，决定提交课题申请"浙博馆藏沈曾植手稿及相关文献整理"，以了初心。沈氏研究虽然内容庞杂，总得理出一个头绪，即便其中有我们不敢触碰的佛教、舆地、刑法、音训等领域，但按种类，她保管沈藏古籍，我保管沈藏碑帖，就书志的形式与书学的角度似乎可以一试。不曾想，就此跌进大坑，三年过去了，还没搞出个眉目。

《兰亭》素有如聚讼之喻，我想读懂沈曾植所收各类《兰亭》之前，得首先自己明白《兰亭》是怎么回事，这一步跨进去，不仅越看越糊涂，更是偏离了原本只想摘录沈氏对其书法优劣的品评，过程中数次将自己拉回来。由于我在《兰亭》版本方面学识有限，所以主要依据故宫王连起先生的考证研究进行相关论述阐释。行文中如有讹误错谬之处，敬请方家指正，不胜感激。对沈氏书法艺术的探究溯源，依然还有很大的空间，我没有尽自己所能做到最好，是此过程中最让人痛苦的地方。

有一天陈翌伟给我看了钱钟书《围城》中的一段："壁上挂的字画里有沈子培所写屏条，录的黄山谷诗，第一句道：'花气熏人欲破禅。'鸿渐看了，会心不远，觉得和尚们闻到窗外这种花香，确已犯戒，与吃荤相差无几了。他把客堂里的书画古玩反复看了三遍，正想沈子培写'人'字的捺脚活像北平老妈子缠的小脚，上面那样粗挺的腿，下面忽然微乎其微的一顿，就完事了，也算是脚的！"她说："以前从未思考过沈子培的屏条在此段落的地位，其手法、作用就犹如《红楼梦》里描写宝玉所入秦可卿房间的布景一般。《围城》成书不过数十年，然而读者也许就已经不熟沈子培。"我想到的是，钱钟书对沈子培书法的描述，恰好反映了沈氏独具个人面貌的书写风格，异于常人之处则必有值得深究其理之因，走进沈曾植的世界也开拓了我们对其他领域更多更深的理解与感悟。比起五年前的热闹，这次我俩各自埋头闭关显得特别孤独，研究中的偶然会心，是我们沉浸其中不足为外人道的小小快乐。

协调岗位工作与专业研究，始终处于难以兼顾的困境，只有在面对沈氏捐赠的这些珍贵藏品时，我才会感到内心的平静和满足，确信所做的价值，并获得坚持下去的勇气。感谢浙江省博物馆给了我们人生中如此不同寻常的体验。感谢故宫博物院的秦明先生，每每在我快要放弃的时候给我鼓励和专业的指导。感谢中国美术学院的戴家妙先生，他来我馆查阅沈曾植数据时曾与我们有过一段共同探讨的美好时光。感谢王可万先生，经常在凌晨与我识字句读，在释文的理解上给予了很多基础性帮助。感谢"南书房"文化公司，做了前期排版和摄影，感谢浙江人民美术出版社，接手了这个连经费都无以为继的半成品。我问陈翌伟有谁想感谢，她说感谢你吧。我一阵苦笑，我明白她的意思是大部分工作联系及程序环节是我在完成，她只是做了她分内之事。但惭愧的是，我拨冗去繁留出来用于研究的时间实在太少，原本要跟她一起去嘉兴博物馆和沈曾植故居考察的计划最终都没有成行。

　　浙江省博物馆 1957 年接收沈氏捐赠，除去沈氏收藏的书画信札以及沈曾植自己的书法作品之外，现藏有沈曾植海日楼及沈颎旧藏书籍二百余种，其中沈曾植稿本、批校题跋本共八十余种。沈氏捐赠各类刻帖、碑记、墓志铭、题名、书联、佛经、画像、青铜、瓦砖乃至窑具拓片三百余种。陈翌伟与我所做的只是杯水车薪。一日偶然翻到 2010 年的一期馆刊《东方博物》，发现我与她各有一篇文章刊登其上。在当时都没想到的是，我写的馆藏《石鼓石经缩本》与她写的馆藏《姑孰帖》，竟然都是沈曾植的捐赠，这不能不说是一种缘分。

庚子（2020）立夏　陆易于转塘

蘭亭敘　張金界奴本

蘭亭序潁上本　癸未春二月伯衡題於泡西

蘭亭敘　代州馮氏霞定武本

蘭亭敘四種　明馮定武本　吳鎮生氏本　東陽本

蘭亭三種　信齋

東陽本蘭亭　沙日廔藏　潁題

潁井本蘭亭敘　癸未春二月伯衡題補霞本

蘭亭敘覆褚谿陽本

蘭亭　太清閣皇本　甲子季秋元和孫德謙署

撫刻定武蘭亭痩本

王枕蘭亭

蘭亭敘唐摸賜本

醬搨蘭亭三種　吳後屬刻章題

明翻潁上本

蘭亭敘兩種　天瓶神龍本　豐坊臨本

明刻蘭亭敘四種

東的別本茶亭　沙日廔藏　氏敬

滎陽潘氏雲龍摹刻定武蘭亭二種　有趙魏公十六跋　一冊　海曰禑藏

蘭亭敘　潘祺領容山墨搨本

東書堂五種蘭亭之一

東陽本蘭亭　海田樓藏　頫題

定武本　蘭字漫漶會字全本　蘭亭　朱丈元題

蘭亭敘　宋元明搨百衲本

舊拓蘭亭會字不全本　康道意齋藏真

明拓國學本　明刻褚臨本　蘭亭敘　康道意齋藏　墨濤屬刻碑題

趙臨蘭亭敘　快雪堂本

定武本　蘭字漫漶會字全本　蘭亭　朱丈元題

蘭亭敘　潘貴妃本

蘭亭　鼎帖復定武本　甲子季秋元和孫德謙署

舊拓蘭亭三種　海日樓藏帖

蘭亭敘　褚臨本

明刻定武肥本　歲云天閒李武刻

明拓褚臨蘭亭　紫茆書屋藏本

蘭亭敘　渤海藏真本

图书在版编目（CIP）数据

澹宕璨然：海日楼旧藏古籍碑帖撷颖 / 陆易, 陈翌伟著. -- 杭州：浙江人民美术出版社, 2021.12

ISBN 978-7-5340-8847-6

Ⅰ.①澹… Ⅱ.①陆… ②陈… Ⅲ.①杂著—中国—清后期②汉字—碑帖—中国—古代 Ⅳ.①Z429.52②J292.21

中国版本图书馆CIP数据核字(2021)第101607号

策划编辑	屈笃仕
责任编辑	傅笛扬　姚　露
责任校对	余雅汝
责任印制	陈柏荣
装帧设计	南书房
作品摄影	郑峥屹

澹宕璨然：海日楼旧藏古籍碑帖撷颖

陆　易　陈翌伟　著

出版发行	浙江人民美术出版社
	（杭州市体育场路347号）
经　　销	全国各地新华书店
制　　版	浙江新华图文制作有限公司
印　　刷	浙江海虹彩色印务有限公司
版　　次	2021年12月第1版
印　　次	2021年12月第1次印刷
开　　本	787mm×1092mm　1/16
印　　张	15
字　　数	138千字
书　　号	ISBN 978-7-5340-8847-6
定　　价	160.00元

如发现印刷装订质量问题，影响阅读，

请与出版社营销部（0571—85174821）联系调换。